智能时代下集团化企业财务共享服务研究

廖皓杰　韦　熠　著

中国商业出版社

图书在版编目(CIP)数据

智能时代下集团化企业财务共享服务研究 / 廖皓杰，韦熠著. -- 北京 : 中国商业出版社, 2025. 1. -- ISBN 978-7-5208-3313-4

Ⅰ. F275

中国国家版本馆CIP数据核字第2025VQ0240号

责任编辑：朱丽丽

中国商业出版社出版发行

（www.zgsycb.com　100053　北京广安门内报国寺 1 号）

总编室：010－63180647　编辑室：010－63033100

发行部：010－83120835/8286

新华书店经销

北京虎彩文化传播有限公司印刷

*

787 毫米×1092 毫米　16 开　9 印张　155 千字

2025 年 1 月第 1 版　2025 年 1 月第 1 次印刷

定价：45.00 元

* * * *

（如有印装质量问题可更换）

前　言

随着信息技术的迅猛发展和全球化市场的不断变化，集团化企业面临着日益复杂的经营环境和更为严苛的财务管理要求。在此背景下，财务共享服务作为一种创新的财务管理模式，逐渐被广大集团化企业接受和采纳。历经十余年的发展，财务共享服务如今在我国已经生根发芽，并在理论研究、实践经验以及建设方法论上取得了长足的进步。

本书从智能时代下集团化企业财务共享服务的组织架构与人员管理入手，分别介绍了智能时代下集团化企业财务共享服务的流程优化与智能技术在集团化企业财务共享服务中的应用，并对集团化企业财务共享服务的信息系统建设做了具体阐述。希望通过本书的介绍，能够为读者在智能时代下集团化企业财务共享服务研究方面提供帮助。

在撰写本书的过程中，得到了许多专家、学者的帮助和指导，参考了大量的相关学术文献，在此表示真诚的感谢。本书内容系统全面，论述条理清晰、深入浅出，力求论述翔实，但是由于笔者水平有限，书中难免会有疏漏之处，希望广大读者及时指正。

廖皓杰　韦　熠

2024 年 11 月

目　录

第一章　智能时代下集团化企业财务共享服务的组织架构与人员管理

第一节　智能时代下集团化企业财务共享服务中心的组织架构设计

一、组织架构设计的原则

（一）战略导向原则

在智能时代，集团化企业的财务共享服务中心的组织架构设计必须以战略导向为核心。组织架构应与企业的战略目标紧密关联，以支持整体业务发展和提升市场竞争力。设计过程中，需要考虑如何使财务共享服务具备更高的灵活性与适应性，以便能够快速响应市场的变化和内部需求的调整。这种战略导向不仅要在宏观层面与企业的长远目标保持一致，还需要在微观层面确保各个业务单元的高效运作。

（二）效率优先原则

效率优先原则要求优化流程，减少冗余环节，从而提高工作效率。通过合理的组织架构设计，企业可以确保财务共享服务的快速响应能力。优化流程不仅要简化步骤，还要通过深度分析现有流程，识别不必要的环节，并通过重组和技术手段加以改进。这一过程需要全面考虑企业的业务需求和财务共享服务的实际操作情况，以确保在提高效率的同时，能够保持或提升服务质量。

信息技术的应用为提高财务共享服务的效率提供了新的机遇。通过自动化和智能化技术，企业可以显著减少人工干预，提高财务数据处理的效率。自动化技术能够处理大量重复性和规则性强的财务工作，如账单处理和报表生成等，智能化技术则可以通过大数据分析和机器学习，帮助企业进行复杂的财务决策。通过这些技术手段，企业不仅能够提高财务共享服务的效率，还能够在数据处理和分析的准确性和深度上取得突破，为企业的战略决策提供有力支持。

（三）灵活性与适应性原则

随着市场环境的快速变化和业务需求的日益多样化，企业的组织架构必须具备快速调整的能力，以确保财务共享服务能够及时适应新的市场环境。这种灵活性不仅体现在日常运营中，还需要在战略层面上进行规划，以便在各种不确定性中保持企业竞争力。通过灵活的组织架构，企业能够有效地应对外部环境的变化，从而在激烈的市场竞争中占据有利地位。

在组织设计中引入模块化结构是实现灵活性和适应性的关键措施之一。模块化结构允许企业根据项目或业务需要进行灵活的组合和调整，从而提高资源的使用效率。通过这种方式，企业可以快速响应市场变化，调整其运营策略和资源配置，以满足不同业务单元的需求。模块化结构不仅可以提高资源的利用效率，还能为企业提供更大的创新空间，使其能够在快速变化的市场中保持敏感性和竞争力。

建立跨部门协作机制有利于增强团队间的协作能力。这种机制能够促进信息共享与沟通，支持企业快速响应和适应变化的需求。通过跨部门的协作，企业能够在组织内部形成一个高效的信息流动网络，使各部门能够在第一时间获取必要的信息和资源，从而提高企业整体的运营效率和响应速度。这种协作机制不仅能够提升企业内部的协作能力，还能增强企业对外部变化的敏感度和适应能力。

利用先进的信息技术构建支持实时数据分析和决策的系统，是提升财务共享服务灵活性的有效手段。通过实时数据分析，企业能够更准确地把握市场动态，作出及时而有效的决策。这种技术的应用不仅提高了财务共享服务的响应速度，还增强了其在复杂多变的商业环境中的适应能力。实时数据分析系统的引入，使企业能够在数据驱动的基础上进行决策，从而在竞争激烈的市场中保持领先地位。

（四）集中管控原则

集中管控不仅是为了保证财务共享服务中心的决策权和资源配置权集中于核心管理层，还在于提高整体的控制力和决策效率。通过将决策权集中化，企业能够更快速地响应市场变化和内部需求，从而在激烈的竞争环境中保持敏感性和竞争优势。此外，集中管控也有助于减少因分散管理导致的沟通不畅和决策延误，有利于提高企业的运营效率。

为了确保各业务单位在财务操作上的一致性和合规性，集团化企业需要建立统一的财务标准和政策。这种统一性不仅有助于降低财务风险，还可以通过标准化的流程和操作规范，提升财务管理的透明度和可控性。在财务共享服务中心的运作中，统一的财务标准能够有效减少因各单位独立操作产生的差异和错误，从而确保财务信息的准确性和可靠性。这种一致性也为企业在进行财务审计和合规检查时提供了便利，进一步降低了企业的合规风险。

通过集中管控实现资源的高效配置，是提升整体财务效益的关键。避免各个业务单位的重复投资和资源浪费，不仅能节省企业的运营成本，还能将有限的资源投入更具战略意义的领域。集中管控使得企业能够从全局视角进行资源配置，确保资源的最优化使用。在财务共享服务中心中，通过集中化的资源管理，企业能够更好地协调各单位之间的资源需求，优化资源的分配和使用效率，从而实现财务效益的最大化。

（五）服务导向原则

服务导向的组织架构应以客户需求为中心，确保财务共享服务能够及时响应企业各部门及外部客户的需求，提升服务质量。通过建立一个以客户为中心的服务体系，企业可以更好地理解和满足客户的期望，从而在竞争激烈的市场中占据优势。服务导向原则不仅强调对客户需求的快速响应，还要求对服务过程进行持续优化，以确保服务的高效和优质。

为了确保服务导向原则的有效实施，需要建立有效的客户反馈机制。通过定期收集和分析使用财务共享服务的各方意见，企业可以不断优化服务流程和内容，增强服务的针对性和有效性。客户反馈机制不仅是收集意见的渠道，更是企业改善服务质量的重要工具。通过分析反馈信息，企业可以识别服务中的薄弱环节，并采取相应的改进措施。这一过程不仅提高了客户的满意度，也使企业的服务能力得到了提升。

通过设立专门的服务团队并明确服务职责和目标，企业能够确保团队成员在提供财务服务时具备专业知识和技能，以提高服务的专业性和可靠性。服务团队的专业化建设是实现服务导向原则的关键。团队成员需要接受持续的培训和发展，以确保他们能够应对不断变化的财务环境和客户需求。此外，明确的服务职责和目标能够帮助团队成员专注于客户服务，提高工作效率和服务水平。

利用先进的技术手段，提供自助服务平台，各业务单位能够自主查询和处理财务相关事务，提升服务的便捷性和灵活性，减轻财务共享服务中心的压力。自助服务平台的应用，不仅能够提高服务的效率，还能为客户提供更高的自主性和灵活性。客户可以随时随地访问财务信息，进行事务处理，从而提升整体服务体验。这种技术驱动的服务模式，使财务共享服务中心能够更专注于复杂事务的处理，提高整体服务质量和效率。

二、组织架构的部门设置

（一）财务核算部

财务核算部的主要职责是集中处理集团内各业务单位的财务数据。通过集中的财务核算，企业能够确保财务信息的准确性和及时性，这对支持管理层的决策至关重要。在智能时代，财务核算部不仅需要处理海量的数据，还需要借助先进的技术手段，如人工智能和大数据分析等，提高数据处理的效率和准确性。这种集中化的财务处理模式，不仅节省了企业资源，还提高了财务透明度，为企业的战略决策提供可靠的数据支持。

（二）资金管理部

资金管理部的核心任务是优化资金配置，提高资金使用效率，以确保企业的流动性与财务安全。在智能时代，资金管理部利用智能化工具和大数据分析技术，能够实时监控资金流动，预测资金需求，从而作出更为准确的资金调度决策。此外，该部门还需要关注国际与国内的金融环境变化，灵活调整资金策略，以应对不确定的市场风险，确保企业在复杂的市场环境中保持稳健的财务状况。

（三）费用管理部

费用管理部的职责是对企业的各项费用进行全面的预算、控制与分析。其目标是通过有效的费用管理，降低企业的运营成本，提高资源使用效率。在智能时代，费用管理部需要运用智能分析工具，对企业的费用支出进行深入分析，识别潜在的节约机会和成本浪费。通过智能化的费用管理系统，企业能够实现费用的精细化管理，确保每一笔支出都符合企业的战略目标，从而在激烈的市场竞争中保持成本优势。

（四）税务管理部

税务管理部在集团化企业中负责税务合规与筹划工作，确保各项税务处理符合相关法律法规，降低税务风险，提高企业的整体税务效率。随着智能时代的到来，税务管理部需要借助智能税务系统，实现税务数据的自动化采集与处理，减少人为错误。此外，通过智能化的税务筹划工具，企业可以更好地进行税务优化，合理合法地降低税负，提升企业的盈利能力。在复杂的税务环境中，税务管理部需要密切关注税收政策的变化，及时调整税务策略，以确保企业的税务合规与效益最大化。

三、决策机制与流程设计

（一）决策层次与权限划分

高层管理团队的主要职责是把握企业的战略方向，作出重大决策。这一层次的决策需要考虑企业的长远发展和整体利益，因而高层管理者具备全局观念和战略眼光至关重要。与此同时，中层管理者专注于日常运营与流程执行，确保企业的日常运作顺畅无阻。中层管理者需要在执行过程中保持灵活性，以应对不断变化的市场环境和内部需求。通过明确的分工，企业能够在不同层级上实现决策的专业化和高效化。

在构建决策机制时，需要建立权限划分机制。权限划分机制的核心目标是确保各层级在决策过程中拥有明确的职责和权限，从而减少决策过程中的模糊性和重复性。这一机制的有效实施能够提高决策的效率，避免因职责不清导致的资源浪费和决策滞后。通过清晰的权限划分，各级管理者能够在其职责范围内自主决策，提高整体决策效率。此外，权限划分也有助于建立一个透明的决策环境，使得每个决策环节都能被有效监督和评估，从而增强企业的内部管理能力。

在智能化的背景下，实时数据分析为各层级提供了强有力的决策依据。数据驱动的决策支持系统能够处理海量数据，提供精准的分析结果，从而帮助管理者作出明智的决策。通过实时监控和分析，企业能够迅速响应市场变化，调整战略和运营策略。数据驱动的决策不仅提高了决策的准确性，也缩短了决策的时间周期，使得企业能够在竞争激烈的市场中保持敏感性和灵活性。这种技术的应用为企业的决策提供了强有力的支持，助力企业在智能时代的转型与发展。

（二）决策流程设计

1. 制定统一的步骤和规范

通过制定统一的步骤和规范，企业能够确保所有决策都遵循一条系统化的路径。这不仅有助于减少因个体差异导致的决策偏差，也能在组织内部形成清晰的决策导向，使得各级管理人员在决策过程中有据可依。此外，标准化流程的建立还能够提高决策效率，确保企业能够快速适应市场变化。

2. 引入多层次的决策审批机制

在复杂的集团化企业中，重要决策往往涉及多方面的利益和风险，因此需要经过必要的审核和批准。通过多层次的审批机制，企业能够在决策过程中引入不同层级的专业意见和建议，确保决策的全面性和准确性。这一机制不仅能够在决策前期识别潜在风险，还可以在决策过程中提供多重保障，确保最终决策的合理性和可行性，从而有效地降低企业面临的决策风险。

3. 信息化系统在决策流程中的应用

通过集成实时数据和分析工具，信息化系统能够及时为决策提供准确的信息支持。这一技术的应用使得企业能够在决策过程中获得更为全面和深入的洞察，从而提高决策的科学性和有效性。实时数据的获取和分析工具的使用，使得企业能够在动态环境中作出更为灵活和准确的决策，进而提升自身整体竞争力。

4. 定期评估决策效果并建立反馈机制

通过对决策结果的分析，企业能够识别决策流程中的不足，并据此进行改进。这一过程不仅有助于提升决策的质量，还能在企业内部形成持续改进的文化。此外，反馈机制的建立也能够促进组织内部的信息交流和知识共享，从而推动企业在决策管理方面不断进步和创新。通过持续的评估和反馈，企业能够不断优化其决策流程，适应不断变化的市场环境。

（三）沟通与协调在决策中的作用

1. 有效的沟通机制

信息在决策过程中如同血液，只有确保其流通顺畅，才能避免因信息滞后导致的决策失误。通过建立高效的信息传递渠道，企业能够在瞬息万变的市场环境中保持敏锐的反应能力，及时调整战略方向，以应对外部环境的变化。

2. 跨部门协调

在集团化企业中，各部门往往拥有不同的专业领域知识与经验，整合这些资源成为决策成败的关键。通过跨部门的协调机制，企业能够集思广益，充分利用各部门的专业优势，从而制定出更为全面和科学的决策。这种整合不仅能够提高决策的质量，还能够促进企业内部协同合作，形成合力。

3. 建立反馈渠道

在决策执行过程中，难免会遇到各种问题和挑战。通过建立有效的反馈机制，企业能够及时获取一线执行者的反馈，了解执行过程中遇到的实际困难。这种信息的反馈不仅能帮助决策者在必要时对决策进行调整，同时也能为未来的决策提供宝贵的经验积累，提升决策的适应性与灵活性。

4. 良好的沟通与协调氛围

沟通与协调不仅是信息的传递，更是团队凝聚力的体现。通过营造开放、信任的沟通环境，企业能够增强团队的凝聚力，使每一位成员都能积极参与到决策执行中。这样的氛围不仅能激发团队的创造力与积极性，还能确保决策的高效执行，最终实现企业的战略目标。

四、组织架构调整与优化策略

（一）组织架构评估与诊断

1. 评估现有组织架构的适应性

通过详细分析现有架构的各个组成部分，在市场环境变化时，企业可以识别哪些部分能够快速响应，哪些部分则可能成为阻碍。适应性评估不仅需要关注架构本身的灵活性，还需要考虑其与外部市场需求的契合程度，以确保财务共享服务能够持续为企业创造价值。

2. 各部门之间的协作效率

在组织架构中，各部门之间的协作效率直接影响到信息流通的顺畅程度。通过分析组织架构中各部门的协作效率，企业可以识别信息流通的瓶颈。这一过程需要深入分析各部门之间的沟通渠道和资源共享机制，识别可能存在的沟通不畅或资源分配不均等问题。优化跨部门的沟通与资源整合，不仅能够提高整体运营效率，还能增强财务共享服务在企业中的战略地位，促进各部门之间的协同效应。

3. 组织架构的决策效率

通过评估决策层次与权限划分的合理性，企业可以确保在必要时能够迅速作出有效决策。决策效率评估需要关注决策链条的长度、各层级的权限设置以及信息反馈机制的完善程度。合理的决策架构能够缩短决策时间，提升财务共享服务的反应速度，使其更好地支持企业的战略目标。

（二）调整与优化的时机选择

1. 企业战略转型期的组织架构调整

在企业战略转型期，企业必须确保其新战略与财务共享服务的目标保持一致，以支持战略实施的顺利进行。这不仅涉及对现有资源的重新配置，还要求对组织架构进行适当调整，以便更好地支持企业的新方向和新目标。在企业战略转型过程中，财务共享服务中心需要通过调整架构来增强其对战略目标的支撑作用，从而实现企业整体战略的成功落地。

2. 业务发展与规模扩张的需求

在业务发展与规模扩张的过程中，企业需要重点考虑资源的优化配置，以提升各业务单元之间的协同效应。通过合理的架构调整，财务共享服务中心可以更有效地分配资源，避免资源浪费和重复建设，从而提高整体运营效率。在这种情况下，组织架构的调整不仅是为了应对业务发展的需求，更是为了实现资源的最大化利用，确保企业在扩张过程中能够保持高效运作和持续增长。

3. 市场变化与竞争压力的应对

面对市场变化与竞争压力，企业必须灵活调整其组织架构，以快速响应外部环境的变化，保持竞争优势。这种灵活性要求企业具备快速调整和适应的能力，以便在竞争激烈的市场中立于不败之地。财务共享服务中心作为企业的重要组成部分，其组织架构的调整需要与市场变化保持同步，以确保能够及时提供准确的财务信息支持企业决策。通过灵活的架构调整，企业可以更好地应对市场变化带来的挑战，从而在竞争中占据有利位置。

4. 技术创新与数字化转型的推动

技术创新与数字化转型的推动，使得组织架构向更加扁平化和灵活化发展成为必然趋势。随着社会的快速发展，传统的层级式组织架构已经无法满足企业对快速响应和灵活决策的需求。财务共享服务中心需要通过架构调整来适应这一变化，促进技术与业务的深度融合。扁平化的组织架构能够减少信息传递的层级，提高沟通效率，从而更好地支持企业的技术创新和数字化转型。在这种背景下，财务共享服务中心的架构调整不仅是为了适应技术环境的变化，更是为了推动企业整体的数字化进程。

（三）实施步骤与方法

1. 制定详细的调整方案

详细的调整方案应明确组织架构调整的目标、步骤和预期成果，确保各项调整措施具有清晰的方向和执行标准。通过这一过程，企业能够在变革中保持战略一致性，并为后续步骤的执行奠定坚实的基础。详细的方案不仅有助于各级管理者理解组织架构调整的必要性，还能为员工提供明确的行动指南，从而减少因变革带来的不确定性和抵触情绪。

2. 制订沟通与培训计划

沟通计划的核心在于确保所有员工都能理解调整的目的和内容。通过多渠道的沟通方式，如会议、公告和一对一访谈等，企业可以有效地传达变革信息。同时，培训计划的制订与实施也至关重要，培训内容应包括新组织架构的功能、流程以及员工在新架构中的角色和职责。通过系统的培训，员工不仅能提升对新组织架构的适应能力，还能增强其执行力，为组织架构的顺利过渡提供保障。

3. 试点运行与逐步推广

试点运行是指选择特定的业务单元作为试点，验证调整方案的有效性。在这一过程中，企业可以在小范围内观察组织架构调整对业务流程、员工协作以及绩效指标的影响。试点运行的结果将为企业提供宝贵的数据和反馈，帮助企业在全面推广之前进行调整和优化。通过试点，企业不仅能降低调整风险，还能积累经验，为后续的推广提供参考。

4. 建立监控与评估机制

企业应定期对调整的效果进行评估，收集反馈意见，以便根据实际情况进行动态优化和改进。评估机制应包括定量和定性的指标，如员工满意度、业务效率和财务指标等。通过持续的监控与评估，企业能够及时发现调整中的问题，并采取相应的改进措施，确保组织架构调整能够实现预期的战略目标。在这一过程中，反馈渠道的畅通也尤为重要，鼓励员工积极参与反馈，有助于企业在调整中不断发展。

（四）持续改进与创新

1. 建立定期评估机制

定期评估机制的核心在于通过数据分析与绩效评估，及时发现组织架构中的问题，并进行必要的调整。通过定期的评估，企业能够更好地适应快速变化的市场环境和技术进步，从而保持其竞争优势。此外，这种机制也为企业提供了一个系统化的框架，确保组织架构不仅能够满足当前的业务需求，还能够为未来的扩展和创新奠定基础。

2. 鼓励员工参与组织架构的优化

通过设立创新奖励机制，企业可以激发员工的积极性与创造力，使他们积极参与到组织架构的优化过程中。员工在日常工作中积累的经验，是组织结构优化的重要资源。通过奖励机制，企业不仅能够收集到更多的改进建议，还能增强员工的归属感和参与感。这种由下至上的创新文化，有助于推动组织的可持续发展，使企业在智能时代的激烈竞争中立于不败之地。

3. 学习与借鉴行业内外的先进组织架构模式

通过定期进行对标分析，企业可以识别行业中的最佳实践，并进行适应性调整。这种学习与借鉴不仅限于同一行业，还可以扩展到其他行业的优秀案例。通过这种方式，企业可以不断完善其组织架构，使其更具灵活性和创新性，从而提高运营效率和市场响应能力。这种开放的学习态度，有助于企业在全球化的竞争中保持领先。

第二节 智能时代下财务共享服务人员的岗位职责与技能要求

一、财务共享服务人员的分类与岗位职责

（一）财务核算人员

财务核算人员主要负责集团内各业务单位的财务数据收集、整理与核算，确保财务信息的准确性与及时性。这一职责要求财务核算人员具备高度的责任感，以确保财务数据的完整性和可靠性。此外，财务核算人员还需要定期编制财务报表，向管理层提供所需要的财务分析与决策支持。这不仅要求他们对财务数据有较高的敏感度，还要求他们能够将复杂的数据转化为易于理解的分析报告，从而帮助企业进行有效的财务管理和战略规划。

财务核算人员需要遵循相关的财务法规与政策，以确保所有财务操作的合规性。通过严格遵循法规，财务核算人员能够有效降低企业的财务风险，保障企业财务健康。此外，财务核算人员应具备良好的数据分析能力，能够熟练使用财务软件与工具进行高效的数据处理与报告生成。在智能时代，随着社会的不断发展，财务核算人员需要不断更新和提升自己的技能，以适应快速变化的财务环境和技术工具。这种能力的提升不仅体现在对新工具的使用上，还体现在对数据的深度分析和洞察能力上，从而为企业提供更具前瞻性的财务建议和支持。

（二）资金管理人员

资金管理人员负责确保企业的现金流管理，维护企业的流动性和财务安全。为了实现这一目标，他们需要对资金的进出情况进行实时监控，通过提高资金使用效率来支持企业的日常运营。资金管理人员不仅要确保企业能够满足短期的资金需求，还需要为企业的长期发展战略提供资金支持，这要求他们具备敏锐的洞察力和高效的执行能力。

在资金管理的过程中，资金管理人员需要制定详细的资金预算，进行资金需求分析，以合理安排资金的使用。这一过程不仅涉及对当前资金状况的精确评估，还需要对未来资金需求准确预测。通过科学的资金预算和投资安排，资金管理人员能够有效支持企业的运营和战略目标的实现，确保企业在激烈的市场竞争中保持优势。

资金管理人员需要与银行及其他金融机构保持密切的合作关系，负责融资渠道的开拓与维护。良好的银行关系和多元化的融资渠道是企业在资金紧张时能够获得支持的关键保障。资金管理人员需要具备出色的沟通和谈判能力，以确保企业在需要时能够迅速获得外部资金支持。此外，他们还需要定期进行资金风险评估，识别可能影响企业财务健康的潜在风险，并制定相应的风险控制措施。这不仅有助于降低企业的财务风险，还能提高企业的信誉和竞争力。

（三）税务专员

在智能时代，集团化企业的财务共享服务中，税务专员的首要职责是确保集团的税务合规合法。这一职责要求税务专员深入了解并熟悉各项税收法律法规，确保企业在税务处理上的每一个环节都符合相关的要求。通过严格的合规管理，税务专员能够有效降低企业的税务风险，避免因不合规操作导致法律责任和经济损失。税务合规不仅是企业财务管理的一部分，更是企业在市场中稳健发展的基石。

除了合规合法，税务专员还需要进行税务筹划。税务筹划不仅要求专员具备扎实的税务知识，还需要他们具备敏锐的分析能力。通过对企业税务负担的全面分析，税务专员可以识别潜在的税务优化空间，并提出合理的税务优化建议。这些建议有助于企业在合法合规的前提下，最大限度地降低税务成本，提高税务效率。税务筹划不仅是对现状的分析，更是对未来税务环境变化的预判和应对策略的制定。

税务专员的工作还包括定期编制税务报告等。这些报告不仅是对企业税务状况的总结，更是向管理层提供决策支持的重要依据。通过详细的税务分析和建议，税务专员能够帮助企业管理层在战略决策和财务管理上作出更加明智的选择。税务报告的质量直接影响到企业的决策质量，因此税务专员在报告编制过程中需要保持高度的专业性和准确性，确保数据的真实性和分析的深度。

另外，与税务机关保持有效沟通也是税务专员的职责之一，这不仅包括日常的税务申报和事务处理，还涉及税务稽查和相关事务的应对。通过积极主动的沟通，税务专员能够有效维护企业的合法权益，确保企业在税务事务中处于有利地位。良好的沟通能力不仅有助于化解潜在的税务纠纷，还能为企业争取更多的政策支持和税务优惠。

（四）财务分析人员

财务分析人员的主要职责是对企业的财务数据进行深入分析，识别财务趋势和关键指标，从而支持管理层作出明智的战略决策。这一分析过程不仅需要对历史数据进行细致解读，还需要对未来财务状况进行预测，以便为企业的长远发展提供有力的支持。通过对财务数据的敏锐洞察，财务分析人员能够帮助企业识别潜在的财务风险和机遇，确保企业在动态的市场环境中保持竞争优势。

除了数据分析，财务分析人员还需要定期编制翔实的财务分析报告。这些报告不仅需要涵盖企业的盈利能力、流动性和财务健康状况，还需要提供对企业资源配置优化的专业见解。通过这些分析，企业管理层能够更好地了解当前的财务状况，并据此制定有效的资源分配策略，从而提高企业的整体运营效率。财务分析报告为企业的财务决策提供了科学依据，帮助企业在复杂多变的市场环境中作出快速而准确的反应。

（五）系统运维人员

系统运维人员的主要职责是确保财务共享服务系统的顺利运作，维持系统的稳定性和可靠性。当系统出现故障或技术问题时，他们需要迅速响应并解决，以确保业务的连续性和服务的高效性。通过对系统的持续监测，运维人员能够识别潜在的问题并提前采取措施，防止问题扩大。此外，系统运维人员还负责进行系统性能的评估，通过分析系统运行数据，找出系统运行瓶颈，并优化系统配置，以提高整体服务效率。

系统运维人员不仅是系统的维护者，他们还需要与软件开发团队密切合作，参与到系统的升级和功能扩展中。随着业务需求的不断变化，财务共享服务系统需要不断地进行调整和升级，以满足新的要求。运维人员在这一过程中，起到桥梁作用，他们需要将实际运维中的问题反馈给开发团队，并协助测试和部署新的功能，确保系统更新不会对现有服务造成影响。此外，他们还需要制定详细的系统安全管理策略，定期进行数据备份和恢复演练，以保障财务数据的安全性和完整性。

二、财务共享服务人员的技能要求

（一）专业知识与技能

在智能时代，集团化企业的财务共享服务人员需要掌握全面的专业知识与技能，以应对复杂多变的财务环境。

1．掌握相关专业知识

财务共享服务人员必须掌握财务会计、管理会计和税务等相关的专业知识。这些知识是确保财务操作合规性和准确性的基础。在经济日益全球化的背景下，财务共享服务人员需要熟知各国的财务法规和税务政策，以规避潜在的财务风险。此外，管理会计知识的应用能够帮助企业优化资源配置，提高运营效率。因此，财务共享服务人员不仅需要具备扎实的理论基础，还需要在实践中不断更新知识，以适应快速变化的财务环境。

2．具备财务建模能力

财务共享服务人员具备财务建模能力有助于企业进行财务预测和决策支持，确保企业在激烈的市场竞争中保持优势。熟练掌握各种财务建模软件，是财务共享服务人员在智能时代的技能之一。

3．具备财务共享服务系统的操作和维护能力

财务共享服务人员需要熟悉系统的操作流程，能够快速解决系统故障并进

行日常管理。随着企业信息化程度的提高，财务共享服务系统成为企业财务管理的核心工具。财务共享服务人员不仅需要具备技术能力，还需要具备良好的沟通与协作能力，能够有效与不同部门合作，整合财务信息以支持决策。这种跨部门的协作能力，有助于提高企业的整体运营效率，促进企业在智能时代的可持续发展。

（二）数据分析能力

1. 掌握数据分析工具与软件

熟练使用 Excel、SPSS 等工具，可以有效地处理和分析财务数据。这些工具不仅可以提高数据处理的效率，还能确保数据分析的准确性，从而为企业提供可靠的财务信息支持。此外，财务共享服务人员还需要具备数据可视化能力。通过图表和仪表盘等形式，能够将复杂的财务数据转化为直观的信息，帮助管理层快速理解企业的财务状况。这种能力不仅提高了信息传递的效率，也有助于管理层在决策过程中更好地把握财务动态。

2. 进行多维度财务数据分析

通过对不同业务单元的财务表现与趋势进行分析，财务共享服务人员可以识别各个业务单元的优势和劣势。这种分析能力不仅能有效支持企业的资源配置，还能为战略决策提供有力的依据。多维度分析能够揭示深层次数据信息，使企业在制定战略时更加精准和有效。此外，数据挖掘能力也是财务共享服务人员不可或缺的技能之一。从海量的财务数据中提取有价值的信息，可以为企业的财务管理提供深度的洞察和建议。这需要财务共享服务人员具备敏锐的洞察力和丰富的专业知识，以便在复杂的数据环境中找到对企业发展有利的因素。

（三）沟通协作能力

1. 有效的沟通策略

有效的沟通策略不仅能够确保财务数据和信息在不同部门之间的顺畅传递，还能减少因信息滞后导致的误解与错误。通过建立清晰的沟通渠道，财务信息能够及时、准确地传递到相关部门，避免因信息不对称产生决策偏差。这种沟通策略的实施需要财务人员具备良好的表达能力和理解能力，以便在复杂的组织环境中有效地传递信息。

2. 跨部门协作

通过跨部门协作，企业能够整合各个业务单元的专业知识与经验，从而提升财务决策的全面性与科学性。这种协作不仅要求财务人员掌握专业的财务知识，还需要他们理解其他业务单元的运作模式和需求，以便在协作过程中提供有价值的财务建议。通过这种协作方式，企业能够在决策过程中考虑更多的因素，制定更为合理和可行的财务策略，进而提升企业的整体竞争力。

（四）问题解决能力

问题解决能力不仅体现在具体问题的应对上，更在于具备系统性思维，能够从整体上分析问题。通过识别各个环节之间的联系，财务共享服务人员可以制定出更为有效的解决方案。这要求他们不仅要关注问题的表象，更要深入问题的本质，理解其内在的逻辑关系，以便在解决问题时能做到游刃有余。

运用数据分析技术已成为财务共享服务人员解决问题的有效手段。通过数据驱动的方法，他们可以快速识别问题的根源，并提出针对性的解决策略。数据分析不仅有助于他们在海量信息中提炼出关键数据，还使得他们的决策更具科学性和精准性。在智能化工具的辅助下，财务共享服务人员能够更高效地处理复杂数据，提升问题解决的速度和质量。

面对复杂多变的业务环境，传统的思维模式往往难以应对新兴问题，因此财务共享服务人员在解决问题时，需要能够打破常规，提出独特的解决方案。这种创新不仅体现在技术手段的应用上，还表现在思维方式的转变上。通过创新思维，财务共享服务人员能够在面临挑战时，找到更具创造性和前瞻性的解决路径，从而为企业创造更大价值。

有效管理时间和资源是问题解决方案能够及时实施的保障。财务共享服务人员需要优先处理关键问题，合理分配资源，以确保解决方案的实施和后续的跟踪评估能够有条不紊地进行。时间和资源的有效管理不仅提高了问题解决的效率，也确保了企业在激烈的市场竞争中保持优势。通过合理的规划和执行，财务共享服务人员能够在有限的时间内达到最佳的解决效果。

（五）学习与创新能力

财务共享服务人员应当持续学习新兴的财务技术和工具，这种持续学习能够显著提高工作效率和数据处理能力，使他们能够更好地应对日益复杂的财务管理需求。通过掌握最新的技术手段，财务共享服务人员能够更加准确地进行数据分析和财务预测，从而为企业战略决策提供有力支持。

主动参与行业内外的培训和研讨会是提升创新能力的有效途径。通过吸收行业经验和创新思维，财务共享服务人员可以不断更新自己的知识体系，拓宽视野，增强对行业趋势的敏感度。这样的参与不仅有助于个人能力的提升，还能为企业带来新的视角和解决方案，推动企业在财务管理上的不断创新。通过与行业专家和同行的交流，财务共享服务人员能够获得宝贵的经验和见解，进一步提升自身的专业水平。

鼓励团队成员之间分享经验和知识可以促进内部知识的传递与积累。通过建立一个开放的交流平台，团队成员可以互相学习，分享各自在工作中遇到的挑战和解决方案。这种知识共享的文化不仅能够增强团队的凝聚力，还能提高整体的工作效率和创新能力。定期评估和优化工作流程，寻求创新的方法以提高财务共享服务的响应速度和服务质量，是财务共享服务人员在实际工作中必须践行的原则。通过不断优化流程，财务共享服务能够在提高效率的同时，提供高质量的服务，满足企业日益多元的运营和发展需求。

（六）风险管理意识

财务共享服务人员需要具备识别和评估潜在财务风险的能力。这要求他们能够敏锐地察觉各种可能影响企业财务状况的因素，从而及时采取预防措施，降低风险发生的概率。前瞻性的风险管理能力是确保企业财务稳健运营的关键。

在日常工作中，财务共享服务人员需要定期进行风险管控。这一过程包括及时发现异常交易和数据波动，并进行深入分析，以便作出相应的调整。持续的监控和分析不仅有助于发现潜在问题，还可以帮助企业在风险发生前采取有效的应对措施，从而减少损失。因此财务共享服务人员必须具备高度的专业敏感性和分析能力，以确保企业的财务活动在安全的框架内进行。

财务共享服务人员必须了解企业的风险管理政策和程序。只有在充分掌握这些政策和程序的基础上，他们才能在执行财务操作时遵循相关的合规要求，降低合规风险。这种合规意识不仅是对企业的保护，也是对员工自身职业发展的保障。为了增强团队对财务风险的敏感性和应对能力，企业应积极培养财务共享服务人员的风险管理意识，鼓励他们参与相关的培训和演练。系统的培训和演练可以显著提升团队的整体风险管理能力，使其能够在复杂的财务环境中游刃有余。

三、人员招聘与选拔

（一）招聘渠道与策略

1. 利用在线招聘平台发布招聘信息

通过在线招聘平台发布招聘信息，不仅能够快速覆盖求职人员，还能利用大数据技术进行精准匹配，从而提高招聘效率。在线平台的优势在于其便捷性和广泛性，使企业能够在短时间内接触到大量潜在候选人。此外，在线平台还提供了数据分析工具，帮助企业从海量简历中筛选出符合岗位要求的候选人，优化招聘流程。

通过在线招聘平台，企业可以快速发布职位信息，并利用其庞大的用户基础吸引广泛的候选人群体。在线平台的算法能够根据职位要求自动推荐合适的候选人，提高简历筛选的效率。同时，在线招聘平台提供的多样化功能，如视频面试、在线测评等，进一步简化了招聘流程，使企业能够更迅速地完成初步筛选和面试环节，从而缩短招聘周期，提高招聘效率和准确性。

2. 校园招聘和实习生项目

通过与高校合作，企业可以直接接触到优秀的应届毕业生，提前培养其在财务共享服务领域的专业能力。这种方式不仅能为企业注入新鲜血液，还为学生提供了实践机会，使其在真实的工作环境中锻炼技能。实习生项目则为企业提供了观察和评估的机会，有助于企业在正式招聘前对候选人的实际工作能力和适应性进行全面考量，从而降低招聘风险。

3. 与行业协会和专业机构建立合作关系

通过与行业协会和专业机构建立合作关系，企业可以参加各类招聘会和行业交流活动，直接接触到行业内的优秀人才。这种合作不仅能够扩大企业的人才来源，还能提升企业在行业内的知名度和影响力。此外，通过参加行业活动，企业能够及时了解行业动态和人才市场趋势，为调整招聘策略提供依据。同时，这些活动也为企业提供了展示自身文化和价值观的平台，有助于吸引志同道合的专业人士加入。

4. 内部推荐机制

通过鼓励现有员工推荐符合岗位要求的人选，企业能够快速找到合适的候选人。员工推荐的候选人通常对企业文化和工作环境有一定了解，能够更快地融入团队，提高工作效率。此外，内部推荐机制还有助于激励员工积极参与招聘过程，增强其归属感和责任感。为了激励员工内推，企业可以设立推荐奖励，以提高员工内推的积极性和质量，从而进一步提升招聘的准确性和效率。

（二）选拔流程

1. 制定详细的岗位说明书

通过明确各职位的职责、要求和绩效标准，企业可以确保候选人对岗位有清晰的理解，从而提高匹配度。这有助于避免在招聘过程中因信息不对称导致误选或错配，从而提高招聘效率和成功率。

2. 设计多轮面试流程

通过初筛、专业面试和管理层面试，企业能够从不同维度对候选人的能力与适应性进行全面评估。初筛阶段通常侧重于对候选人基本条件的审核，如学历、工作经验等；专业面试重点考查候选人的专业技能和解决问题的能力；管理层面试则关注候选人的领导力、团队合作能力以及与企业文化的契合度等。这样的多层次评估机制有助于企业在招聘过程中识别最适合的候选人。

3. 建立背景调查机制

在智能时代，信息的获取和核实变得更加便捷和高效。通过背景调查，企业可以核实候选人的教育背景、工作经历以及职业道德。这不仅能够防止简历造假，还可以深入了解候选人的职业操守和稳定性。背景调查的结果为企业的最终决策提供了重要参考，确保所选人才的可靠性和可信度，从而为企业的长期发展奠定坚实的基础。

（三）明确选拔标准

候选人应具备相关的财务专业资格认证，如注册会计师或管理会计师等。这些资格不仅是专业知识和技能水平的证明，也反映了候选人对行业的深入理解和持续学习的能力。此外，拥有这些认证的专业人士通常具有较强的职业道德和责任感，这是在财务共享服务中不可或缺的品质。

候选人应拥有一定的财务共享服务或相关行业工作经验。经验丰富的候选人能够更快地适应岗位需求及工作环境，减少培训成本，提高工作效率。在智能时代，财务共享服务中心的业务流程和技术工具不断更新，拥有相关工作经验的人员能够迅速掌握新技能，适应新的工作环境。丰富的从业经验还意味着他们可能已经具备处理复杂财务问题的能力，能够为企业提供更高质量的服务。

在智能化的财务共享服务中，数据分析能力不仅涉及对财务数据的处理，还包括对数据的深度分析和洞察等。候选人需要熟练使用财务软件和工具进行数据处理与报表编制，以支持企业的决策过程。随着大数据和人工智能技术的应用，财务人员需要能够从大量数据中提取有价值的信息，为管理层提供决策支持。

财务共享服务的工作通常需要跨部门协作和信息共享，因此员工必须能够有效地与其他部门沟通和协作。良好的沟通能力不仅有助于解决工作中的问题，还能促进团队内部的和谐沟通与合作。合作精神有助于团队在面对挑战时，集思广益，找到最佳的解决方案。这些软技能在智能时代的财务共享服务中同样重要，能够显著提升团队的整体绩效。

四、绩效考核与激励机制

（一）建立科学合理的绩效考核指标体系

1. 财务管理的准确性、及时性和合规性

财务管理的准确性、及时性和合规性指标能够直接反映财务共享服务的运作效率和质量。通过设定这些指标，企业可以有效监控财务活动的准确性，确保财务信息的可靠性和及时性，同时也能保证业务经营的合规性，降低财务风险。

2. 服务质量指标

通过客户满意度调查与反馈机制，企业能够评估财务共享服务对内部客户的响应能力和服务水平。这不仅有助于提升客户体验，也能为服务质量的持续提高提供方向。客户满意度是衡量服务质量的重要标准，它能够推动财务共享服务在内部客户中的价值体现，并提升整体服务水平。

3. 团队协作与沟通效果的考核指标

通过引入团队协作与沟通效果的考核指标，可以鼓励跨部门合作，提高信息共享与协同工作的效率。在现代企业中，信息的快速流动和部门间的有效协作是提高组织效率的关键。通过考核团队协作效果，企业能够识别并激励在跨部门合作中表现突出的员工，从而促进整体协作文化氛围的形成。

（二）定期对财务共享服务人员进行绩效评估

为了确保财务共享服务的高效运作，需要定期对财务共享服务人员进行绩效评估。通过制定明确的绩效评估周期，企业能够定期对员工的工作表现进行全面评估。这不仅有助于及时调整工作方向，还能帮助企业在快速变化的市场环境中保持灵活性和适应性。明确的评估周期能够为员工提供清晰的工作目标和预期，提升员工的工作效率和积极性。

在绩效评估过程中，结合量化指标与定性评价可以确保评估的客观性与公正性。量化指标包括工作效率、服务质量等具体数据，定性评价则涉及对员工团队协作能力的综合考量。通过这种综合评估方式，企业能够更全面地了解财务共享服务人员的表现。这种方法不仅能够发现员工在工作中的优点，还能识别需要改进的领域，从而为员工提供更有针对性的反馈和指导。

360度反馈机制的引入为绩效评估提供了多维度的视角。通过从同事、上级及客户等角度收集反馈，企业能够更全面地了解员工的工作表现与改进空间。这种多角度的反馈机制有助于消除单一视角带来的偏见，使评估结果更加全面和客观。同时，员工也能够通过这些反馈了解自身在团队中的角色定位和贡献，从而更加积极地参与到团队建设中。

定期组织绩效评估会议可以增强团队沟通与协作氛围。通过分享评估结果与改进建议，团队成员能够更好地了解彼此的工作状态和表现。这种开放性的沟通机制有助于增强团队的凝聚力和协作能力，推动整体服务水平的提升。通过这些会议，员工不仅能够获得来自同事和上级的反馈，还能分享自己的想法和建议，为团队的发展贡献力量。

（三）根据绩效考核结果，实施相应的激励措施

1. 合理的薪酬调整

绩效考核不仅是对员工工作表现的评估，更是进行薪酬调整的依据。通过合理的薪酬调整，企业可以有效激励高绩效员工，提升他们的工作积极性和满意度。这种做法在国内外的企业中均得到广泛应用，在强调绩效文化的企业中，更是被视为提升员工积极性的重要手段。

2. 设立年度奖金池

企业可以根据个人和团队的绩效表现进行奖金分配，鼓励团队协作与共同进步。这种激励机制不仅能够推动员工之间的合作，还能在团队内营造出良好的竞争氛围，激发员工的潜力。通过这种方式，企业能够更好地实现其战略目标，同时也为员工提供了一个公平竞争的平台，促进其职业发展。

3. 表彰与奖励活动的开展

定期对表现优异的员工进行公开表彰，不仅能够提升个人的成就感，还能在团队中树立榜样，激励其他员工向优秀员工看齐。通过这种方式，企业能够在内部形成一种积极向上的文化氛围，增强员工的归属感和团队凝聚力。

4. 灵活的工作安排和完善的福利政策

灵活的工作安排和完善的福利政策，能够给予员工更多的灵活性和福利，提升其工作满意度和忠诚度。在智能时代，员工对工作与生活平衡的需求日益增加，企业通过灵活的工作安排和优厚的福利政策，不仅能够满足员工的个人需求，还能提高其工作效率和忠诚度。这种以人为本的激励措施，能够帮助企业在激烈的市场竞争中具备人才优势。

五、团队建设与文化塑造

（一）培养团队合作精神，提高团队凝聚力

团队合作精神不仅是企业文化的一部分，更是企业高效运营和创新发展的

基础。通过营造一个开放、包容的工作环境，鼓励成员之间的沟通与协作，能够有效提升团队的向心力和整体效能。团队合作精神的培养需要设定明确的团队目标。

团队目标不仅要具体、可衡量，还要能激励人心，使每位成员都能看到自己的努力如何为整体目标的实现作出贡献。通过定期的沟通会议和目标评估，团队领导可以帮助成员明确各自的角色和任务，确保大家朝着同一个方向努力。清晰的目标导向能够有效增强团队的向心力，使每位成员都感受到自己在团队中的重要性。

（二）营造积极向上的工作氛围，增强员工的归属感和忠诚度

在智能时代，集团化企业的财务共享服务中心不仅需要高效的流程和先进的技术支持，更需要一个积极向上的工作氛围来激发员工的潜力和创造力。营造这样的氛围有助于增强员工的归属感和忠诚度，这是企业长远发展的基石。积极的工作环境能够激励员工全身心投入工作，进而提高整体的工作效率和服务质量。通过建立充满活力和支持的工作环境，企业可以有效减少员工流失率，吸引更多优秀人才加入。

1. 建立开放的沟通渠道

鼓励员工分享他们的意见和建议，不仅能增强员工的参与感和归属感，还能给企业带来更多改进和创新的机会。通过定期的沟通会议和意见反馈机制，员工可以更好地了解企业的目标和愿景，并在此过程中找到自己的角色定位和价值。这样的沟通方式能够打破层级之间的壁垒，形成一个更加紧密和协作的团队。

2. 灵活的工作安排

关注员工的工作与生活平衡，不仅可以提高员工的满意度和忠诚度，还能提升他们的工作效率和创造力。通过提供灵活的工作时间和地点，企业可以帮助员工更好地管理他们的个人生活和职业发展需求。这种灵活性不仅有助于吸引和留住优秀人才，还能为企业带来更多的创新和竞争优势。

3. 建立有效的激励机制

通过及时认可和奖励员工的贡献，企业可以激励员工更加努力地工作，并

在团队中树立良好的榜样。激励机制不仅应包括物质奖励，还应包括精神层面的认可和赞誉。通过多样化的激励方式，企业可以满足不同员工的需求，增强他们对企业的忠诚度和归属感。这种激励不仅能提升员工的工作表现，还能为企业创造更大的价值。

（三）开展团队建设活动，促进员工之间的交流与沟通

1. 定期组织团队活动

通过定期组织如团体运动会和团队聚餐等活动，企业可以为员工创造轻松愉快的互动环境。这些活动不仅能缓解员工的工作压力，还能在非正式场合中增强员工间的信任感，有助于形成积极向上的企业文化。

2. 开展跨部门合作项目

在智能时代，财务共享服务中心的运作往往涉及多个部门和职能的协同工作。因此，通过跨部门项目的实施，企业可以打破部门之间的壁垒，促进信息的流动和资源的共享。这种合作不仅能提高企业整体工作效率，还能为员工提供更多学习和发展的机会，增强其对企业的认同感和归属感。此外，跨部门合作项目还能为员工提供展示其专业技能的平台，激发其创新和探索的热情。

3. 设立主题分享会

通过主题分享会，企业可以营造一个开放和包容的学习环境，鼓励员工之间的知识分享与交流。主题分享会的内容可以涵盖最新的行业动态、技术创新、成功案例分析等，帮助员工拓宽视野，提升专业素养。同时，主题分享会还能激发员工的主动性和创造力，促进团队成员相互学习和共同进步。通过主题分享会，员工不仅能获得新的知识和技能，还能增强彼此之间的了解和信任。

4. 在线平台和社交媒体的使用

在智能时代，数字化工具的广泛应用为企业内部沟通提供了新的可能性。通过在线平台，员工可以随时随地分享他们的工作心得和生活趣事，增强团队的归属感。这种在线交流不仅能打破时间和空间的限制，还能为员工提供一个展示自我的舞台，增强其在团队中的存在感。同时，在线平台也为企业文化的

传播和团队氛围的营造提供了新的途径。

5. 团队建设工作坊的开展

通过围绕沟通技巧和团队合作的培训，企业可以帮助员工明确其在团队中的角色定位。工作坊的形式多样，包括角色扮演、模拟演练、案例分析等，旨在通过互动和实践提升员工的实际操作能力。这种培训不仅能增强员工的团队意识，还能帮助其在实际工作中更好地应对沟通和协作中的挑战。通过持续的培训和实践，员工的协作能力和沟通效率将得到显著提高，为企业的发展提供坚实的人才支持。

第三节　智能时代下财务共享服务人员的培训与发展

一、培训需求分析

（一）明确财务共享服务的整体战略目标

企业需要确保培训内容与其发展方向保持一致，从而提高服务效率和质量。通过对战略目标的清晰界定，企业能够设计出符合自身需求的培训项目，帮助员工更好地理解并实现企业的长远目标。这不仅有助于提高员工的工作效率，还能增强他们对企业的认同感和归属感。

（二）详细分析各岗位人员的具体职责与技能水平差距

针对各岗位人员的具体职责与技能水平差距，企业应制订个性化的培训计划。这些计划应涵盖从基础技能到高级管理能力的各个方面，以确保员工在各自岗位上能够充分发挥其潜力。通过针对性的培训，企业不仅能够提升员工的专业能力，还能够有效地激励员工的积极性和创造力。

（三）评估财务共享服务系统的使用情况

通过识别员工在系统操作中的不足，企业可以提供相应的技术培训，以提升其系统运用能力。这种技术培训不仅能帮助员工更好地适应新系统，还能提高其在日常工作中的效率和准确性。此外，熟练使用财务共享服务系统也能为企业节省大量的时间和资源。

（四）关注行业内新兴技术和趋势

定期更新培训内容，确保员工掌握最新的财务管理工具和方法，是企业适应智能时代需求的有效手段。通过这种持续的学习和进步，员工不仅能提高自身的技术水平，还能为企业带来更多的创新和发展机会。

二、培训内容设计

（一）财务专业知识培训

1. 财务会计基础知识培训

财务会计基础知识培训旨在夯实员工的专业基础，内容涵盖会计原则、会计科目及财务报表的编制与解读等。通过系统的学习，员工能够准确理解会计工作原则，熟练掌握会计科目设置，并能独立编制和解读财务报表。这不仅提升了员工的专业素养，也为企业提供了更为准确和可靠的财务信息支持。

2. 税务合规与筹划的基础知识培训

随着全球化进程的加快，企业面临的税务环境日趋复杂。税务合规培训有助于员工理解税法，掌握企业税务负担的计算方法，并制定合理的税务筹划策略，以降低企业的税务风险和成本。税务筹划不仅涉及对法律法规的理解，还需要结合企业的实际运营情况灵活应用。因此，培训内容应注重理论与实践相结合，帮助员工在实际工作中灵活运用所学知识。此外，财务共享服务系统的操作技能培训是确保系统高效运行的关键。员工需要熟悉数据录入、报表生成及系统维护等基本流程与技巧，确保财务信息的准确性和及时性。此类培训不仅提高了员工的操作能力，也为企业的财务共享服务提供了有力的技术支持。

通过全面的财务专业知识培训，企业可以培养出一支专业知识扎实和技能操作熟练的财务共享服务团队。这支团队不仅能够满足企业当前的财务管理需求，还能在智能时代的快速变化中保持竞争力。未来，随着技术的不断进步和财务管理模式的演变，财务专业知识培训内容也将不断更新，以适应新的业务环境和管理需求。通过持续的培训与发展，企业可以确保其财务共享服务团队始终处于行业前沿，为企业的长远发展提供坚实的支持。

（二）信息技术培训

通过系统化的培训，员工需要熟练掌握数据录入、报表生成及用户权限管理等基本操作。这不仅提高了财务数据处理的效率，还能确保数据的准确性和安全性。财务共享服务系统的高效运行依赖于员工对这些基本操作的熟练掌握，因此，培训内容必须涵盖系统的各个功能模块，以确保员工能够在实际工作中灵活应用这些技能，支持企业的财务管理需求。

在信息技术培训中，员工需要学习如何使用 Excel 和 BI 工具等数据分析软件，以增强财务数据的分析能力。这些工具不仅能帮助员工更好地理解和处理财务数据，还能为管理层提供清晰、直观的财务报告，支持其决策需求。通过对数据分析工具的深入学习，员工能够更有效地挖掘数据中的潜在价值，识别财务风险和机遇，从而为企业的战略决策提供有力的支持。

了解和掌握利用云平台进行数据存储和共享，可以显著提高信息的安全性和可访问性。云计算技术的应用不仅能降低企业的 IT 成本，还能提供更为灵活和高效的数据管理解决方案。通过培训，员工能够熟练使用云平台，确保财务数据的安全性和可控性，同时提高信息共享的效率，为企业的财务管理提供坚实的技术支持。

熟练使用自动化工具和流程管理软件可以提升财务操作自动化水平。自动化工具能够减少人工干预，提高工作效率和准确性，是现代财务共享服务不可或缺的一部分。通过培训，员工可以掌握如何使用这些工具优化财务流程，减少重复性劳动，提高工作效率。流程管理软件则有助于员工更好地协调和管理财务流程，确保各项操作的顺利进行，为企业财务管理降本增效。

（三）业务流程培训

业务流程培训的核心在于使员工熟悉并掌握财务共享服务的核心业务流程。这些流程包括数据收集、处理与报告生成的标准化步骤，旨在确保各项财务活动的高效性与准确性。通过标准化的流程，企业能够减少人为错误，提高数据处理的速度和准确性，从而为管理决策提供可靠的财务信息支持。在智能时代，自动化工具和软件被广泛应用于数据收集和处理环节，企业员工需要熟练掌握这些工具的使用方法，以便更好地适应技术变革带来的新挑战。

财务共享服务不仅涉及财务部门内部的运作，还需要与其他业务单位紧密合作。必须明确各业务单位在财务数据共享与信息传递中的角色与责任，以提高整体服务效率。通过跨部门协作，企业可以实现信息流的畅通无阻，减少信息孤岛。同时，跨部门协作还能够促进不同部门之间的沟通与理解，形成协同效应，最终提高企业的整体运营效率。在培训中，员工需要学习如何有效地进行跨部门沟通与协作，以确保财务共享服务的顺利进行。

财务数据的监控、异常交易的识别与处理机制是风险管理的核心内容。在智能时代，财务共享服务面临的风险日益复杂，员工需要具备识别和处理这些风险的能力。通过风险管理流程的培训，员工可以了解如何监控财务数据，识别潜在的异常交易，并采取适当的措施进行处理。这不仅有助于维护企业的财务安全，还能够确保企业遵守相关法律法规，避免因违规操作导致财务损失和声誉损害。

财务共享服务团队需要及时响应内部客户的需求，提供高质量的服务。在培训中，员工需要学习如何与客户进行有效沟通，了解客户的需求，并提供个性化的解决方案。通过优化客户服务流程，企业可以提高客户的满意度，增强客户对财务共享服务的信任和依赖。同时，良好的客户服务也有助于提升企业的品牌形象，为企业的长远发展奠定坚实的基础。在智能时代，客户服务流程的优化还需要借助先进的技术手段，实现服务的自动化和智能化。

（四）沟通协作培训

沟通协作培训的核心目标是提升跨部门沟通技巧，确保财务共享服务团队能够有效传达信息与需求。通过培训，团队成员能够更清晰地表达自身的观点与需求，从而减少因信息不畅造成的误解与延误。这种培训不仅限于口头表达，还包括书面沟通技巧，以确保信息在不同媒介中都能被准确地传递。跨部门沟通能力是现代企业中至关重要的软技能，能够有效地优化企业内部资源配置。

沟通协作培训强调团队成员在会议中的表达与倾听能力。通过系统化的培训，团队成员能够在会议中更自信地表达自己的观点，同时也能更好地倾听他人的意见。这种能力的提升，不仅能够增强团队内部的沟通效率，还能提高会议决策的有效性。在高效的会议中，各方意见能够得到充分的讨论与交流，从而形成更为全面的决策。这种能力的培养，需要通过模拟会议、角色扮演等形式的训练，以帮助团队成员在实际工作中更好地应用这些技巧。

沟通协作培训注重培养团队成员在问题解决时的协作意识。通过培训，团队成员能够意识到，在面对复杂问题时，集体智慧往往能够带来更优的解决方案。鼓励团队成员共同面对挑战，集思广益找到最佳解决方案，是现代企业应对快速变化的商业环境的有效策略。培训中可以通过工作坊、头脑风暴等方式，培养团队成员的协作精神和创新思维，使其在实际工作中能够更好地合作，共同克服困难。

通过定期的交流与反馈，团队成员能够持续改进沟通方式和协作流程。反馈机制的建立，不仅能够帮助团队成员认识到自身的不足，还能促进团队整体的进步。培训中应强调反馈的建设性和及时性，以确保团队成员能够在一个开放和支持的环境中成长。通过这样的机制，团队成员能够不断提升自身的沟通与协作能力，从而为企业创造更大的价值。

（五）职业素养培训

1. 培养良好的职业道德

诚信、责任感和合规意识不仅是员工个人职业操守的体现，也是企业在财务共享服务中树立良好声誉的基础。在全球化的商业环境中，诚信和责任感是企业获得客户信任和市场认可的关键。此外，合规意识的培养有助于员工合法有效地执行财务操作，降低违规风险。

2. 提升员工适应变化的能力

快速变化的技术环境要求员工具备灵活性和创新思维，以应对新挑战和新机遇。通过职业素养培训，企业可以鼓励员工在面对技术变革和市场波动时，保持开放的心态和积极的态度。这样的培训不仅提升了员工的适应能力，还激发了他们的创新潜力，使其能够在智能技术的支持下，优化财务共享服务的流程，进而为企业创造更大的价值。

3. 自我管理能力的加强

通过培训，员工可以提高时间管理能力和工作效率，从而在财务共享服务中有更出色的表现。自我管理能力不仅涉及日常工作的有序安排和高效执行，还包括对个人职业发展的规划和自我提升的主动性。具备良好自我管理能力的员工能够在繁忙的工作环境中保持清晰的目标和高效的工作节奏，进而提高个人和团队的绩效，推动企业财务共享服务的持续优化和发展。

三、培训方式选择

（一）内部培训

在智能时代背景下，随着信息技术的迅猛发展和财务管理模式的不断创新，传统的财务服务方式已难以满足现代企业的需求。因此，构建全面、高效、有针对性的内部培训体系，有利于提升财务共享服务人员的专业技能、拓宽其知识面、增强其适应能力。财务共享服务人员的内部培训渠道应多元化，满足不同层级、不同岗位员工的学习需求。

1. 以老带新

通过老员工的言传身教，新员工可以迅速熟悉办公环境、公司文化以及财务工作流程，同时提高自己的工作技能、工作态度。这种“传帮带”的方式不仅有助于新员工的快速成长，还能增强团队的凝聚力和向心力。

2. 项目管理

在接手新项目时，员工需要成为项目管理员，负责项目的费用成本管理、预算控制、成本估算等工作。这一过程中，员工不仅要掌握财务知识，还要具备一定的项目管理能力。通过项目管理，员工可以深入了解业务流程，提升解决问题的能力，同时也有助于培养团队协作精神和自身领导力。

3. 内部岗位竞聘

通过定期开展内部岗位竞聘活动，员工可以自主参加评选，展示自己的工作能力、专业技能和未来规划。竞聘过程不仅是对员工能力的一次检验，更是对其职业发展路径的一次梳理。同时，岗位竞聘还能激发员工的竞争意识和进取心，促进人才的合理流动和优化配置。

4. 专业提升课程

专业提升课程可以涵盖跨部门学习、兴趣小组学习、虚拟小组学习等多种形式。例如，通过跨部门学习，员工可以了解其他部门的业务流程和工作方式，增强团队协作和沟通能力；通过兴趣小组学习，员工可以针对自己感兴趣的话题进行深入探讨和交流，提升专业素养和创新能力；通过虚拟小组学习，员工可以跨越地域限制，与全球各地的同行进行交流和合作，拓宽国际视野。

（二）外部培训

1. 邀请行业专家开展专题讲座

邀请行业专家开展专题讲座不仅可以让员工了解财务共享服务领域的最新发展动态，还能分享最佳实践案例，拓宽员工的行业认知和专业视野。这种形式的培训通过专家的深入讲解，能够使员工更好地理解行业趋势，从而在实际工作中应用先进的理念和方法，提高工作效率和服务质量。此外，专家专题讲座还为员工提供了与行业领袖直接交流的机会，帮助他们建立更广泛的专业交流网络。

2. 参加行业协会和专业机构举办的培训课程

行业协会和专业机构举办的培训课程通常涵盖前沿的财务管理知识和技能，能够显著提升员工在财务共享服务中的专业能力。通过系统的学习，员工可以掌握最新的财务工具和技术，提升其在企业财务管理中的贡献度。这种培训不仅有助于员工更新知识储备，还能提高他们的工作适应能力和创新能力，为企业在竞争激烈的市场中保持领先地位提供了坚实的支持。

3. 组织员工赴外部企业进行考察学习

在这种培训中，员工有机会亲身体验其他企业在财务共享服务实施中的成功经验和创新做法。这种实地学习能够帮助员工更直观地理解不同企业的运营模式和管理策略，激发他们对自身工作的思考和改进。通过借鉴外部企业的优秀实践，员工可以将学到的知识应用到本企业的财务共享服务中，推动企业管理水平的不断提升。

4. 引入外部咨询机构进行定制化培训

这种培训方式能够根据企业的具体情况设计课程，重点提升员工在财务共享服务中的实战能力和解决问题的技巧。定制化培训不仅注重理论知识的传授，更强调实际操作能力的培养，使员工能够更好地应对工作中的复杂挑战。通过这种有针对性的培训，企业可以确保员工在快速变化的商业环境中保持高效的工作状态，推动企业的可持续发展和创新。

（三）在线学习

在线学习平台应提供灵活的课程安排，使员工能够根据个人时间和学习进度自主选择学习内容。这种灵活性不仅提升了学习的便利性，也提高了学习效率，尤其是在集团化企业中，员工面临着繁重的工作任务和紧凑的时间安排，在线学习的灵活性显得尤为重要。通过在线平台，员工可以在不影响日常工作的情况下，随时随地进行学习，从而更好地平衡工作与学习。

在线学习内容的设计应紧密结合最新的财务管理工具和技术，确保员工能够掌握智能时代的财务前沿知识与技能。这一点对于财务共享服务中心的员工尤为重要，他们需要不断适应快速变化的市场需求和技术发展。课程内容应包括大数据分析、人工智能应用、区块链技术等新兴领域的知识，使员工能够在实际工作中灵活运用这些技术，从而提升集团化企业财务管理的整体效率和竞争力。此外，课程内容还应注重实用性和可操作性，帮助员工在短时间内掌握必要的技能。

为了确保在线学习的效果，需要建立科学的评估机制。通过在线测试和反馈系统，企业可以定期评估员工的学习效果，确保培训内容的有效性与针对性。这一机制不仅有助于了解员工的学习进度，还可以根据评估结果及时调整课程内容，以更好地满足员工的学习需求和企业的发展目标。通过定期的反馈和评估，企业可以不断优化培训方案，确保员工在智能时代的快速变化中保持竞争力，并为集团化企业的财务共享服务提供坚实的人才支持。

（四）实践操作培训

1. 财务共享服务系统的实操演练

通过财务共享服务系统的实操演练，员工能够熟练掌握系统的界面、功能模块和操作流程。这种培训方式不仅提高了员工的操作效率，还增强了操作的准确性。在现代企业中，财务共享服务系统的复杂性和多样性要求员工具备高水平的技能操作，因此实践操作培训成为必不可少的环节。通过不断实操演练，员工可以在短时间内适应系统变化，快速响应业务需求，确保财务工作的顺利进行。

2. 模拟真实业务场景的财务数据处理

通过真实业务场景的财务数据处理模拟训练，员工能够在安全的环境中进行数据录入、报表生成及分析等练习。这种方法不仅提高了员工的实际操作能力，还使他们在面对真实业务挑战时更加从容。这种模拟训练有助于员工熟悉不同类型的数据处理任务，提升他们在复杂业务环境中进行准确、快速决策的能力。此外，这种训练也有助于员工理解数据背后的业务逻辑，从而提高整体的财务分析水平。

3. 定期设置工作坊，围绕财务风险识别与应对策略进行实操培训

在定期设置的工作坊中，员工可以通过实际案例分析和情景模拟，深入理解财务风险的来源和特征。通过与同行的交流和讨论，员工可以学习到不同的风险应对策略，并将其应用于实际工作中。这种培训方式不仅提高了员工的风险识别能力，还增强了他们在面对突发财务事件时的应变能力，确保企业财务管理的稳健性和安全性。

四、职业发展规划

（一）设计职业发展通道

1. 明确职业发展路径

在智能时代，集团化企业的财务共享服务需要通过精心设计的职业发展通道来吸引和留住人才。职业发展通道设计的核心在于设立明确的职业发展路径，包括初级、中级和高级财务共享服务职位。这种分级体系不仅能为员工提供清晰的晋升方向，还能使他们根据自身的能力和经验进行合理的职业规划。基于明确的职业发展路径，员工可以在职业生涯的不同阶段设定目标，激发其内在动力，进而提高整个团队的专业水平和工作效率。

2. 引入导师制度

资深员工通过指导新员工，可以有效地促进知识传承与技能提升。这种一对一的指导模式，不仅能够提升新员工的专业能力，还能提高团队的整体能力和凝聚力。导师制度的实施，不仅为新员工提供了成长的支持，也有助于激励资深员工不断提升自身能力，以适应不断变化的行业需求。

3. 定期开展职业发展培训

职业发展培训课程应涵盖最新的财务技术、管理理念及行业趋势，旨在提升员工的职业竞争力。通过不断学习和实践，员工能够在智能时代背景下保持竞争优势。这种持续的职业发展支持，不仅有助于员工个人的成长，也为企业的整体发展提供了强有力的保障。

4. 建立绩效与发展挂钩的激励机制，确保职业发展通道有效运作

通过将员工的表现和发展潜力与晋升机会和职业发展支持相结合，企业能够激励员工不断追求卓越。这种机制不仅促进了员工的个人发展，也提升了企业的整体绩效。在智能时代，只有通过科学合理的职业发展规划，企业才能在激烈的市场竞争中立于不败之地。

（二）建立晋升机制

晋升机制的建立不仅需要考虑工作绩效和能力，还需要从经验等多维度进行评估。明确的晋升标准是晋升过程公平和透明的基础。通过设定具体而全面的评估标准，企业能够确保每位员工都在相同的规则下被考量，从而维护组织内部的公平和激励环境。标准化评估还可以帮助员工明确自身的努力方向，激励他们在工作中不断提升自我。

为了确保晋升过程的全面性和公正性，需要设立定期的晋升评审会议。这些会议应由管理层和人力资源部门共同参与，以确保各层级员工的晋升申请得到全面的评估。这种多方参与的评审机制不仅能提高评估的客观性，还能促进不同部门之间的信息交流，帮助管理层更好地了解员工的实际表现和潜力。这种机制的实施有助于在企业内形成一种透明的晋升文化，增强员工对组织的信任感和归属感。

通过提供职业发展辅导，企业可以帮助员工了解晋升路径和所需技能，支

持他们制订个人职业发展计划。这不仅有助于员工明确自己的职业目标，还能帮助他们在职业生涯中更好地实现个人发展。通过这种辅导，员工能够更清晰地认识到自身的优势和不足，从而更有针对性地进行自我提升，这对于员工个人和企业整体的发展都是一种双赢。

为了确保新晋升员工能够顺利适应新的岗位，需要建立晋升后的跟踪与支持机制。通过定期评估新晋升员工的适应情况与表现，企业可以及时发现问题并提供必要的培训和指导。这种机制不仅能帮助新晋升员工快速适应新角色，还能为他们提供持续的支持，确保其适应新岗位。这种持续的跟踪和支持，不仅是对员工个人的负责，也是对企业整体绩效的保障。

（三）实施轮岗制度

轮岗制度不是简单的岗位调换，而是通过系统化的岗位轮换，增强财务共享服务团队的整体业务理解，帮助员工更全面地掌握企业各个职能部门的运作流程。这种方法能够有效地提升员工对企业整体运作的理解，促进其在不同业务领域的适应能力。

通过轮岗，员工能够获取不同岗位的实际工作经验。不同职能的工作经验不仅提升了员工的跨职能协作能力，还促进了团队间的知识共享。在财务共享服务中心，知识的流动和共享是提高效率和创新的关键因素。员工在不同岗位的经历能够为团队带来新的工作视角和问题解决方案，从而推动整个财务共享服务体系的发展。这种经验的积累不仅有助于个人能力的提升，也为企业创造了更大的价值。

轮岗制度具有发现和培养潜在管理人才的作用。在轮岗过程中，员工的综合素质和管理潜力能够得到充分展现，为企业的后备干部储备提供支持。通过多岗位的锻炼，员工能够更好地理解企业的战略目标和管理流程，为其未来的管理角色奠定坚实的基础。同时，企业也能通过轮岗制度，识别具有领导力的员工，为其提供进一步的培训和发展机会，确保企业在激烈的市场竞争中保持领先地位。

实施轮岗制度可以有效提高员工的工作满意度和企业忠诚度。单一的工作内容容易导致员工产生职业倦怠，而轮岗制度通过为员工提供多样化的工作体验，激发其工作热情和创造力。员工在不同岗位上的成长与进步，不仅增强了其对企业的认同感，还提升了其对职业发展的信心。高满意度和高忠诚度的员工队伍，是企业保持长期竞争优势的重要保障。

在轮岗过程中，通过及时的评估与指导，员工在不同岗位的表现能够得到准确的反馈，这不仅有助于其个人能力成长，也为企业的管理决策提供了有力的数据支持。反馈机制的建立，应包括定期的绩效评估、员工与管理层的沟通渠道，以及个性化的职业发展建议等。这种机制的存在，确保了轮岗制度不是形式上的简单改变，而是真正促进了员工的职业成长与企业的发展。

五、培训与发展的持续改进

（一）定期回顾和总结培训与发展工作的经验和不足

通过定期回顾，企业可以识别培训过程中存在的不足之处，并及时进行调整。这不仅有助于提升员工的专业技能水平，还能提升他们在实际工作中的适应能力。总结培训与发展工作的经验则有助于企业形成一套行之有效的培训体系，从而在不断变化的市场环境中保持灵活性和前瞻性。

定期收集参与培训员工的反馈，评估培训内容的适用性和有效性，以便进行针对性调整。通过收集员工的反馈，企业能够更好地了解培训内容是否符合员工的实际需求，以及培训方法是否能够有效地传递知识。反馈机制的建立不仅有助于提高培训的针对性，还能增强员工参与培训的积极性。员工的反馈能够为企业提供第一手资料，帮助企业在培训内容和方法上进行精准的改进，从而提高培训的整体效果。

通过对员工工作表现的分析，企业可以更清晰地看到培训所带来的实际效果。这种分析不仅包括对员工个人绩效的评估，还应涵盖整个团队在工作效率和服务质量上的提高。通过对比培训前后的数据，企业能够更好地理解培训对业务的实际贡献，并据此优化培训方案，以实现更大的业务价值。

在智能时代，员工的学习方式和习惯呈多样化趋势。企业需要根据员工的不同需求，提供多样化的培训形式，以提高培训的覆盖面和效果。在线学习、实操培训等不同形式各有优劣，企业应根据具体情况进行选择和组合，以优化培训的效果和员工的学习体验。

（二）根据企业发展和员工需求的变化，及时调整培训内容和方式

通过定期进行员工需求调查，企业可以深入了解员工在职业发展和技能

提升方面的具体需求。这种调查不仅能揭示员工当前的技能差距，还能帮助企业预见未来的培训需求，从而确保培训内容的针对性和有效性。通过这种方式，企业能够更好地支持员工的职业发展，提升员工的工作满意度和企业忠诚度。

行业变化和技术进步的速度要求企业不断更新其培训课程。通过及时更新培训课程，企业可以确保员工掌握最新的财务管理工具和技术。这不仅提高了员工的专业能力，也增强了企业在市场中的竞争力。通过引入最新的行业案例和技术应用实例，培训课程能够更贴近实际工作场景，帮助员工在工作中更好地应用所学知识。

企业的战略目标在不断变化，这也要求灵活调整培训重点。结合企业战略目标的变化，企业可以确保培训内容与其发展方向保持一致。这种灵活性不仅体现在课程内容上，还体现在培训方式上。在线学习平台为员工提供了灵活的学习方式，满足不同员工在时间和学习方式上的多样化需求。在线学习平台的优势在于其不受时间和地点的限制，员工能够在繁忙的工作日程中找到合适的时间进行学习。

（三）不断完善培训与发展体系，增强培训效果和员工满意度

1. 制订个性化的职业发展计划

企业应根据员工的技能水平和职业目标，提供针对性的培训和发展机会。这种个性化的计划能够激励员工不断提升自我，追求更高的职业目标。通过为员工量身定制培训计划，企业可以更好地满足员工的个人发展需求，同时也能确保员工的成长与企业的发展方向相符。这种双赢的局面不仅有助于提高员工的忠诚度，还能增强企业的竞争力。

2. 加强培训内容的实用性

为了确保培训与日常工作密切相关，企业需要增强培训内容的实用性。通过将理论知识与实际工作场景相结合，员工能够更好地理解和应用所学知识，从而提高工作效率。此外，实用性强的培训内容还可以帮助员工更快地适应工作环境，提升其应对挑战的能力。这种实用性的增强不仅能提高员工的工作效率，还能提升其职业满意度。

3. 鼓励员工参与

通过鼓励员工参与培训课程的设计，企业能够提升培训的针对性和有效性。员工的参与不仅能够为培训设计提供一线的视角，还能激发员工的创新思维，促进企业内部的知识共享。这种参与机制不仅能提高培训的质量，还能增强员工的主人翁意识，从而提高其对企业的认同感和忠诚度。

第二章　智能时代下集团化企业财务共享服务的流程优化

第一节　智能时代下集团化企业主要财务流程的优化

一、费用报销流程优化

（一）费用报销申请的智能化

1. 搭建线上申请平台

通过提供用户友好的界面，员工可以更加便捷地提交费用报销申请。这一平台不仅简化了烦琐的申请流程，还提升了员工的用户体验，减少了因传统纸质申请带来的不便和错误。线上平台的建立，使得企业能够更高效地管理和监控费用报销申请的流转过程，从而提高整体的运营效率。

2. 智能表单填写功能的引入

通过自动填充常用信息，员工在申请过程中的手动输入减少。这不仅提高了申请的准确性和效率，还降低了人为错误的可能性。智能表单能够根据历史数据和用户习惯，自动建议填写内容，从而简化操作步骤。这一功能的引入，不仅节省了员工的时间，也为企业提供了更加精准的数据基础，有助于后续的财务分析和决策。

3. 报销规则的智能提示

通过实时指导员工填写符合公司政策的申请，企业可以有效降低因规则不清导致的错误。这一系统能够根据企业的具体政策和行业标准，提供个性化的提示和建议，从而帮助员工更好地理解和遵循报销规则。智能提示系统的应用，不仅提高了申请的合规性，也减轻了审核人员的工作负担，使得财务审核流程更加顺畅。

4. 申请信息的自动校验

通过申请信息自动校验机制，企业能够确保提交的费用报销申请符合规定，并及时反馈申请中的问题。自动校验不仅能够快速识别申请中的错误和不合规之处，还能及时地为员工提供修改建议。这一机制的实施，使得审核人员能够将更多的精力投入复杂问题的处理上，从而提高整体的审核效率和准确性。通过这些智能化手段，集团化企业在财务共享服务的流程优化上取得了显著进展。

（二）审批流程的自动化

1. 电子签名与审批权限设置

通过电子签名，报销申请能够在无纸化环境下完成审批，极大地减少纸质文件流转的时间和成本。同时，电子签名技术的应用还增强了数据的安全性，确保每一笔报销申请的合法性和真实性。这种技术的应用不仅提高了审批效率，也为企业的数字化转型奠定了坚实的基础。

在审批流程中，通过对不同层级和角色的审批权限进行精确划分，企业能够自动化地分配审批任务，确保每个审批环节的透明性和合规性。这种设置不仅减少了人为干预的可能性，还有效地避免了审批过程中可能出现的权责不清问题。此外，自动化的审批权限设置能够根据企业的组织架构灵活调整，适应不同业务场景的需求，从而提高整个流程的灵活性和适应性。

2. 设计自动化审批流程

利用智能算法，企业可以根据报销申请的金额和类型自动判断最优的审批路径。这种智能化的路径选择能够减少人工干预，显著提高审批速度。智能算法不仅能识别常规审批路径，还能根据历史数据和经验积累，优化审批流程，减少重复审批环节。这种优化设计在提高效率的同时，也降低了审批过程中可能出现的错误，大大提高了企业的财务管理的准确性和可靠性。

3. 实施审批进度的实时跟踪

通过审批进度的实时跟踪，申请人能够随时查看报销申请的状态，从而提升了申请过程的可视化程度。这种实时跟踪不仅提高了申请过程的透明度，还提升了用户的满意度和信任度。此外，实时跟踪系统还能够提供异常报销的智能预警，及时提醒相关人员进行处理，防止潜在风险。这种智能预警机制在保障企业财务安全的同时，也为企业的风险管理提供了有力支持。

（三）费用核算的精准化

1. 智能费用分类与核算

通过机器学习算法，系统能够自动识别和区分费用类型，从而显著提高费用数据处理的准确性和效率。这种智能化的处理方式不仅减少了人工分类的错误，还加快了费用核算的速度，确保企业能够快速响应财务审批需求。同时，智能费用分类能够为财务分析提供更为详尽和精确的数据支持，帮助企业在财务决策中占据主动地位。

2. 费用标准的自动比对

费用标准的自动比对机制通过实时监测费用申请与公司政策的符合程度，确保每一笔费用支出都在预算和规定的范围内。自动比对不仅减少了人工审核的工作量，还提高了审核的准确性和效率。通过自动化的比对系统，企业能够更好地控制成本，从而提高整体财务管理的效率和规范性。

3. 核算结果的自动校验

通过设定详细的规则和算法，核算结果的自动校验系统能够及时发现并纠正核算过程中的错误。这种自动化的校验方式不仅提高了财务数据的准确性，还增强了企业财务报告的可信度。自动校验系统的应用，使得企业能够在复杂的财务环境中保持数据的准确性和一致性，确保财务信息能够真实反映企业的经营状况。

4. 财务凭证的自动生成

通过自动生成财务凭证，财务人员可以将更多的精力投入分析和决策支持中。这一流程的优化，不仅提高了财务工作的效率，还减少了人为错误的发生，为企业财务管理的智能化和自动化提供了有力支持。

（四）报销支付的便捷化

1. 多种支付方式的集成

集成多种支付方式，不仅能满足员工的多样化需求，还能显著提高报销支付的灵活性和便捷性。通过整合传统支付方式与现代电子支付手段，企业能够为员工提供多元化选择，适应不同场景下的支付要求。多样化的支付方式不仅简化了报销流程，也进一步提升了员工对企业财务服务的满意度。

2. 报销款项的快速到账

通过引入先进的支付技术和自动化系统，企业可以大幅度缩短员工的等待时间，提高报销流程的效率。快速到账不仅减少了员工的资金压力，还增强了员工对企业财务管理的信任感和满意度。这种高效的支付流程，能够有效地提升员工的工作积极性和对企业的忠诚度，从而为企业的发展注入新的活力。

3. 自动更新支付记录

借助智能化的财务系统，企业能够实时更新支付信息，减少人工干预和人为错误的发生。这不仅提高了财务数据的准确性和及时性，还为企业的财务管理提供了可靠的数据支持。支付记录更新的自动化，不仅减轻了财务人员的工作负担，还提升了企业财务运作的效率和透明度。

4. 报销数据的统计与分析

通过对大量报销数据的深入挖掘和分析，企业可以识别财务管理中的潜在问题和改进空间。精准的数据分析，不仅能够帮助企业优化财务流程，还能够提升资源配置的合理性和效率。基于数据的决策支持，使得企业在财务管理上更加科学和精准，为企业的长远发展奠定了坚实的基础。

二、应收账款流程优化

（一）客户信用评估的科学化

1. 多维度信用数据采集

通过整合客户的财务报表、交易历史、行业信用评级等信息，企业可以全面、深入地了解客户的信用状况。这种整合不仅提高了数据的全面性，还增强了信息的准确性和可靠性。财务报表提供了客户的财务健康状况，交易历史揭示了客户的支付习惯，行业信用评级则反映了客户在行业中的信用地位。通过多维度的数据采集，企业能够更好地预测客户的信用风险，从而在合同签订和设置付款条件时作出更为明智的决策。

2. 信用评估模型的建立

传统的信用评估往往依赖于经验和主观判断，难以适应智能时代复杂多变的市场需求。为此，企业需要建立科学的信用评估模型。通过数据分析和机器学习技术，企业可以构建一个客观、准确的信用评分系统。数据分析技术能够处理大量的历史数据，提取影响信用的关键因素，机器学习则可以在此基础上进行模式识别和预测。这种模型不仅提高了信用评估的效率，也增强了评估结果的可靠性和客观性，帮助企业在信用管理中作出更为科学的决策。

3. 信用等级的动态调整

在智能时代，客户的信用状况可能会因交易行为、付款记录和市场变化发生改变。为了反映客户的最新信用状况，企业需要定期更新信用等级。通过对客户交易行为的监控，企业可以及时发现客户信用状况的变化，并据此调整信用等级。此外，市场环境的变化也可能影响客户的信用风险，因此企业应密切关注市场动态，确保信用等级的调整能够准确反映客户的真实信用状况。这一动态调整机制不仅提高了信用管理的灵活性，也增强了企业应对信用风险的能力。

4. 信用风险的预警机制

通过设立监测指标和阈值，企业可以及时识别潜在的信用风险。这些指标可能包括客户付款延迟、交易异常等，通过监测这些指标，企业能够在事故发生之前采取预防措施。此外，预警机制还可以帮助企业优化风险控制策略，确保在风险发生时能够快速响应。通过这种主动的风险管理方式，企业不仅能够降低信用损失，还能维护良好的客户关系，为企业的长期发展奠定坚实的基础。

（二）应收账款的实时监控

1. 应收账款数据的实时更新

通过自动化系统，企业能够确保客户交易信息得到即时录入。这种自动化处理不仅减少了人工操作带来的延迟，还显著提高了数据的准确性和响应速度，使财务部门能够及时掌握企业的财务状况。数据的实时更新为企业提供了更为精准的财务分析基础，以支持管理层的决策制定。

2. 账龄分析的自动化

通过智能算法，企业可以定期生成账龄分析报告。这些报告有助于财务部门快速识别逾期账款和潜在风险客户，从而提前采取必要的措施。账龄分析的自动化不仅提高了工作效率，还降低了人为错误的风险，使企业能够更有效地管理其应收账款。通过这种方式，企业可以更好地控制财务风险，确保资金流动的稳定性。

3. 客户还款情况的跟踪

企业需要建立实时监控机制，自动记录客户的还款行为。这种机制确保财务人员能够及时获取还款状态，从而优化催收策略。通过对客户还款情况的实时跟踪，企业能够更好地评估客户的信用状况，并在必要时调整信用政策。实时监控还款行为不仅有助于提高催收的成功率，还能够增强客户关系管理的有效性。

4. 逾期账款的提醒与催收

通过智能提醒系统，企业可以自动发送逾期通知，结合客户信用评估结果制定个性化催收方案。这种方法不仅能够提高催收效率，还能够减少对客户关系的负面影响。智能催收系统使企业能够根据客户的具体情况灵活调整催收策略，从而实现更高的回款率。通过制定个性化的催收方案，企业不仅能够提高资金回收率，还能够在竞争激烈的市场环境中保持优势。

（三）收款流程的优化

1. 制订科学合理的收款计划

在智能时代，集团化企业可以利用大数据分析技术，结合客户的信用状况与历史交易数据，制订科学合理的收款计划。这种基于数据驱动的计划不仅提高了收款目标的合理性，还增强了其可行性。通过对客户信用的精确评估，企业能够更好地预测可能的收款风险，并采取相应的预防措施。这种方法不仅有助于优化企业的现金流管理，还能在一定程度上降低坏账损失。

2. 提供多样化的收款方式

在当前的智能时代，客户的支付方式多种多样，企业需要提供灵活的收款方式来满足不同客户的需求。在线支付、银行转账和移动支付等方式的引入，使得收款过程更加便捷和快速。多样化的收款方式不仅提高了客户的支付意愿，也缩短了资金回笼的时间，进而提高了企业的资金使用效率。这种灵活性对于集团化企业在全球化市场中保持竞争优势尤为重要。

3. 建立收款凭证的自动生成机制

在智能时代，自动化技术的应用使得每笔收款都能快速生成相应的凭证记录。这种自动化的处理方式不仅降低了人工操作的错误率，还确保了财务数据的实时更新与准确性。凭证的自动生成还为企业提供了翔实的财务记录，这对于后续的财务审计和合规检查具有重要意义，进一步提高了企业的财务透明度和管理水平。

4. 实施收款数据的统计与分析

在智能时代，数据可视化工具的应用使得管理层能够直观地查看收款数据，了解收款的整体情况。通过对收款数据的深入分析，企业可以识别收款过程中存在的瓶颈，并及时调整策略以提高收款效率。此外，分析客户的付款行为也能帮助企业优化客户关系管理，提升客户的满意度和忠诚度，为企业的长期发展奠定基础。

（四）坏账处理的规范化

1. 明确坏账认定标准

通过制定清晰的政策和流程，企业能够确保所有相关人员在判断坏账时遵循统一的标准。这种标准化有助于减少因主观判断带来的差异性，确保坏账处理的公正性和透明性。此外，明确的坏账认定标准还能提高财务报告的准确性，使企业在财务决策过程中更加可靠。

2. 建立坏账准备的计提与调整机制

企业需要根据客户的信用状况和历史交易记录，定期评估并调整坏账准备金的储备。这样的动态调整机制不仅能够反映客户信用风险的变化，还能在财务报表中准确体现企业的财务状况。通过科学合理的计提和调整，企业可以在财务管理中更好地控制风险，增强财务决策的科学性和前瞻性。

3. 规范坏账核销的审批流程

设立明确的审批权限和流程，可以确保坏账核销的决策经过必要的审查和批准。这样的流程设计不仅能防止不当核销对企业财务造成的损失，还能提高财务管理的透明度和责任归属合理性。通过严格的审批流程，企业能够在坏账处理过程中保持高水平的审慎性，从而有效降低财务风险。

4. 实施坏账处理的后续跟踪机制

定期审查已核销坏账的处理情况，确保相关记录的完整性，是企业财务管理的重要任务。通过对坏账处理效果的分析和总结，企业可以从中吸取经验教训，改进未来的坏账管理策略。后续跟踪不仅能提高坏账管理的效率，还能为企业在智能时代背景下的财务管理提供宝贵的实践依据和指导。

三、应付账款流程优化

（一）供应商管理的精细化

1. 供应商信息的全面管理

在智能时代，集团化企业需要建立全面的供应商信息管理系统，以实现供应商信息的集中存储和维护。这一系统应包含供应商的基本信息、联系方式以及交易历史等，确保信息的及时更新与准确性。通过这样的系统，企业能够更有效地管理其供应链，减少因信息不对称导致的决策失误。此外，借助信息技术，企业还可以实现信息的自动化更新，减少人工干预，提高工作效率。信息管理的精细化不仅有助于优化应付账款流程，还能提高企业整体的运营效率。

2. 供应商评估与分类

通过定期评估供应商的绩效、服务质量和价格竞争力，企业能够将供应商分为不同等级。这种分类有助于企业制定更有针对性的合作策略，从而在市场竞争中占据优势。评估过程应结合定量和定性指标，确保评估结果的全面性和客观性。通过这样的机制，企业可以在降低采购成本的同时，确保供应链的稳定性和高效性。

3．动态维护与供应商的合作关系

企业应定期与供应商进行沟通，及时调整合作条款，以适应市场变化和双方的需求。这种动态维护不仅能增强企业与供应商之间的信任关系，还能提高双方的合作效率。通过定期沟通，企业可以及时获取市场信息，调整采购策略，从而在激烈的市场竞争中保持灵活性和竞争力。

4．建立供应商风险评估与防范机制

企业可以利用数据分析技术监测供应商的财务状况和市场表现，及时识别潜在风险并制定应对策略。这种风险防范机制能够帮助企业在供应链中保持稳定，避免因供应商问题导致的运营中断。通过提前识别和防范风险，企业可以在不确定的市场环境中保持稳健的发展态势。

（二）应付账款的确认与记录

1．采购订单与发票的自动匹配

通过智能系统的应用，企业能够自动比对采购订单与对应的发票，从而确保信息的一致性。这一机制不仅减少了人工核对的时间，还有效降低了错误率。传统的人工核对方式耗时且容易出错，自动匹配机制则能够在短时间内完成大量数据的比对，提高整体的工作效率。此外，这一机制还能够及时发现并纠正潜在的错误，确保财务数据的准确性，为企业的财务管理提供坚实的基础。

2．应付账款金额的自动计算

通过智能系统，企业可以根据采购订单和发票信息自动计算应付金额。这一功能不仅考虑了基本的金额计算，还涵盖折扣、税费等复杂因素，从而提高了计算的效率与准确性。在传统的手工计算过程中，财务人员需要花费大量时间进行复杂的计算，并且容易出错。自动计算功能则能在几秒钟内完成所有计算任务，确保每一笔应付账款都准确无误。这不仅减轻了财务人员的工作负担，还为企业的资金管理提供了更为可靠的数据支持。

3. 账务处理的自动化

通过自动化技术，企业能够实现应付账款相关的账务处理自动化，包括凭证录入、账簿更新等环节。这一流程的自动化降低了人工干预的必要性，提高了财务处理的整体效率。传统的账务处理往往需要财务人员逐一录入数据，更新账簿，不仅耗时而且容易出错。自动化流程能通过智能系统自动完成所有步骤，确保账务处理的准确性和及时性。这一优化措施不仅提高了企业的财务管理效率，还为企业的财务透明度和合规性提供了保障。

4. 应付账款凭证生成与归档系统的优化

通过应付账款凭证生成与归档系统，企业能够自动生成应付账款凭证并进行电子归档。这确保了凭证的完整性和可追溯性，方便后续的审计和查询。在传统的手工归档过程中，凭证容易丢失或损坏，且查找困难。电子归档系统则通过数字化的方式保存所有凭证，确保其安全性和便捷性。这不仅提高了企业的审计效率，还为企业的财务管理提供了更为可靠的支持，进一步推动了企业财务共享服务的现代化进程。

（三）付款流程的优化

1. 制订科学的付款计划

结合供应商的信用状况与历史交易数据，企业可以更准确地预测未来的资金需求。这种方法不仅有助于确保付款流程的合理性和可行性，还能有效避免因资金周转不灵导致的逾期问题。科学的付款计划能够帮助企业在保持良好供应商关系的同时，优化现金流管理，提高整体财务运营的效率。此外，合理安排付款计划还可以为企业在市场变化中提供更大的灵活性和应变能力。

2. 付款申请的在线审批

通过实现付款申请的电子化处理，企业可以显著提高审批效率，确保付款流程的透明性和合规性。在线审批系统不仅减少了人工操作带来的错误，还为企业提供了一个高效的沟通平台，使得各部门之间的信息传递更加顺畅。电子化的审批流程能够实时监控每一个环节，确保所有的付款申请都经过严格的审准，从而提高企业的财务管理水平。

3. 资金支付的安全控制

通过多重身份验证和加密技术，企业可以有效地防止潜在的财务欺诈风险。这些安全措施不仅提升了资金交易的安全性，还增强了企业对财务数据的保护能力。在智能时代，财务数据的安全性与企业的声誉和竞争力息息相关。因此，企业必须不断完善其安全控制措施，以应对日益复杂的网络安全威胁，确保资金支付过程中的每一个环节都得到充分保护。

4. 付款记录的及时更新

通过自动化系统实时记录每笔付款的详细信息，企业可以大幅度提升财务数据的准确性和可追溯性。这种实时更新的机制不仅便于后续的审计与分析，还为企业的决策提供了可靠的数据支持。准确的付款记录能够帮助企业更好地掌握资金流动状况，从而优化资源配置，提高资金使用效率。在智能时代，自动化系统的应用为企业的财务管理提供了新的可能性和发展空间。

（四）应付账款的分析与监控

1. 应付账款账龄分析

在智能时代背景下，企业可以利用智能化工具自动生成账龄分析报告，定期评估各账龄段的账款情况。这一过程不仅能够提高企业识别逾期账款的效率，还能为优化资金管理策略提供参考。通过对账龄数据的深入分析，企业能够更精准地预测资金变更需求，避免因账款逾期导致的资金链紧张。这种智能化的账龄分析方法，使得企业在应对复杂财务环境时，能够更为科学地进行决策。

2. 付款情况的统计与分析

借助数据可视化技术，企业能够定期生成详细的付款报告。这些报告不仅涵盖付款周期和金额，还对各供应商的表现进行了深入分析。通过对这些数据的综合分析，企业可以识别付款流程中的瓶颈和优化空间。数据可视化技术的应用，使得复杂的财务数据变得直观易懂，为管理层提供可靠的决策依据，从而在提高企业整体运营效率的同时，优化与供应商的合作关系。

3. 供应商对账的自动化

通过系统集成，企业能够实现供应商提供的账单与内部记录的自动比对。这一过程减少了人工对账的时间，并提高了对账的准确性。自动化对账系统不仅降低了人为错误的风险，还使得财务人员能够将更多精力投入战略性工作中。随着对账流程的自动化，企业与供应商之间的财务往来变得更加透明和高效，进而提升了双方的信任和合作深度。

4. 潜在纠纷的预警与处理

通过设定一系列监控指标，企业能够及时识别付款延迟和账款争议等潜在问题。系统会自动生成预警通知，确保相关部门能够迅速采取措施解决问题。这种预警机制不仅提高了企业应对财务纠纷的反应速度，还为企业的风险管理提供了有力支持。在智能时代，企业通过预警与处理机制，能够更有效地维护财务健康，保障企业的可持续发展。

四、资金管理流程优化

（一）资金预算的精准编制

1. 多维度资金需求预测

在智能时代，集团化企业面临着日益复杂的市场环境，传统的资金需求预测方法已难以满足企业的实际需求。通过多维度资金需求预测，企业可以利用大数据分析技术，结合历史数据、市场趋势以及未来业务计划，全面评估未来的资金需求。这种方法不仅提高了预算编制的科学性和合理性，还能够帮助企业在不确定的市场环境中保持资金的灵活性和适应性。通过对多维度数据的综合分析，企业可以更准确地预测资金需求，从而提高资金的使用效率。

2. 预算模型的优化与应用

在快速变化的商业环境中，通过利用先进的数据分析技术，企业可以动态调整预算模型，使其能够实时反映企业的资金需求变化。这种动态调整不仅提高了预算编制的灵活性，还使得预算能够更好地适应企业发展。通过自动化的数据处理和实时更新，企业可以在预算编制过程中更快速地响应市场变化，确保资金分配的科学性和合理性。此外，这种优化的预算模型还可以帮助企业识别潜在的财务风险，从而提前做好应对措施。

3. 预算执行的实时监控与调整

通过建立实时监控机制，企业可以持续跟踪预算的执行情况，及时发现预算执行过程中出现的偏差，并进行相应的调整。这种实时监控机制不仅提高了资金使用效率，还确保了预算目标的达成。通过对预算执行过程的动态管理，企业可以迅速识别问题并采取纠正措施，避免因预算偏差导致的财务风险。此外，实时监控还为企业提供了更为准确的财务数据支持，帮助管理层作出更明智的决策。

4. 预算差异的分析与改进

通过定期对预算执行结果进行分析，企业可以识别预算执行过程中出现的差异及其原因，从而提出针对性的改进措施。这一过程不仅有助于提高后续预算编制的准确性，还能够帮助企业不断优化其资金管理流程。通过系统化的差异分析，企业可以积累经验教训，完善预算编制方法，增强对未来预算偏差的预测和控制能力，最终实现资金管理的精细化和科学化。

（二）资金归集与调配的智能化

1. 资金账户的集中管理

集团化企业在智能时代背景下，通过整合各子公司的资金账户，实现资金账户的集中管理。此举不仅提高了资金使用效率，还增强了资金流动的透明度和可控性。通过统一的资金管理平台，各子公司能够实时查看资金流动情况，确保资金流向清晰可见，避免信息孤岛。这种集中管理模式使得企业能够更好地协调资源降低资金闲置和短缺的风险，从而提高企业整体运营效率。

2. 资金归集的自动化操作

通过实时监测各账户的资金状况，系统能够自动处理资金的归集任务，极大地减少人工干预的必要性。这种自动化的操作不仅提高了资金归集的效率，还显著提升了准确性。借助智能技术，企业能够快速响应资金流动的变化，确保资金归集的及时性和准确性，从而支持企业的战略决策和财务管理。

3. 资金余缺的智能调配

通过先进的数据分析和预测算法，企业能够自动识别各子公司资金的盈余与短缺情况，从而优化资金调配策略。智能调配系统通过对历史数据的分析和未来趋势的预测，能够精准地进行资金的合理分配。这种智能化的调配机制确保了资金的高效使用和流动性，帮助企业在资金管理上取得更好的平衡和效益。

4. 资金流动的实时监控

在智能时代，企业通过实时跟踪内部资金流动情况，能够及时识别异常交易和潜在风险。这种实时监控机制不仅保障了资金的安全性，还提高了企业对资金流动的控制能力。通过对资金流动的全面监控，企业能够迅速采取措施应对潜在的财务风险，确保财务操作的合规性和安全性，从而维护企业的财务健康。

（三）投资与融资管理的优化

1. 投资项目的评估与决策

企业应采用数据驱动的方法，通过构建先进的财务模型来分析项目的潜在回报和风险。这种方法不仅可以提高决策的科学性和合理性，还能通过对历史数据的深度挖掘和分析，预测未来可能的市场变化。智能化工具的应用，如大数据分析和人工智能算法，能够帮助企业更准确地识别投资机会，评估项目的可行性和潜在收益，从而在激烈的市场竞争中占据优势地位。

2. 融资渠道的拓展与选择

企业应根据自身的资金需求和当前的市场环境，灵活运用多种融资方式，包括股权融资、债务融资和金融租赁等。这不仅能优化企业的资本结构，还能降低融资成本，提高资金使用效率。在选择融资渠道时，企业需要综合考虑各种因素，如融资成本、融资期限和风险承受能力，以确保所选方案能够支持企业的长期发展战略。

3. 投资与融资风险的评估与控制

企业应建立全面的风险管理体系，通过定量和定性分析方法，识别和评估潜在的投资与融资风险。这包括市场风险、信用风险和操作风险等。企业需要制定详细的应对策略，以便在事故发生时能够迅速反应，降低损失。通过应用情景分析和压力测试等工具，企业可以提前识别风险暴露点，并在财务决策中纳入风险管控措施，确保财务共享服务的稳健运行。

4. 资金成本的分析与优化

企业需要对各种融资方式的成本进行详细的比较和分析，运用财务杠杆原理，寻找最低资金成本的融资组合。通过对资本成本的精确计算和优化，企业可以在不增加风险的情况下，最大限度地降低融资成本，提高净利润。此外，企业还应关注市场利率的变化和政策调整，以便及时调整资金策略，在资金市场中保持竞争优势，确保企业的财务稳定性和可持续发展。

五、财务报表编制流程优化

（一）数据采集的自动化

1. 内部系统数据的自动提取

内部系统数据的自动提取通过 API 接口实现。API 接口的使用能够确保财务数据的实时更新和准确性，极大地减少人工干预所可能带来的错误。这种自动化提取不仅提高了数据处理的效率，还在很大程度上提高了数据的准确性和可靠性。通过自动提取，企业能够及时获得所需要的财务信息，为管理决策提供有力支持。

2. 外部数据的接口对接

通过标准化协议，企业可以确保与第三方系统的无缝连接。这种连接的实现，使得数据能够快速流转和共享，极大地提升了数据的可用性和流动性。标准化协议的使用，不仅简化了数据交换的复杂性，还提高了数据传输的安全性和稳定性。这种无缝对接使企业在进行财务报表编制时，能够更全面地获取外部市场和行业信息，从而增强财务分析的深度和广度。

3．数据的清洗与整理

通过智能算法，系统可以自动识别和修正数据中的错误与异常。这一过程提升了数据的美观性和一致性，使得财务数据更加可靠。智能算法的应用，不仅减少了人为操作带来的误差，还提高了数据处理的效率。通过财务数据的自动清洗与整理，企业能够更迅速地完成财务报表的编制工作，提高整体财务管理的效率。

4．数据质量的监控与保障

建立实时监测机制，并定期评估数据的完整性和准确性，是当前智能化财务管理的有效手段。通过这些措施，企业能够及时发现并解决数据问题，确保财务报表的准确性和合规性。实时监测和定期评估不仅提高了数据质量，还为企业的财务决策提供了坚实的基础。这种严谨的数据管理方式，为企业在激烈的市场竞争中提供了强有力的支持。

（二）报表编制的智能化

1．财务报表模板的定制化

通过结合企业的特定需求和行业标准，定制化的模板设计不仅确保了报表格式和内容的适用性，还提升了其可读性和分析价值。定制化设计能够使财务报表更精准地反映企业的财务状况和经营成果，满足不同层次用户的需求。同时，通过模板的标准化和自动化，企业能够更有效地进行财务数据的管理和分析，避免因格式不统一导致的信息误读或遗漏，从而提高整体财务工作的效率和质量。

2．数据的自动计算与汇总

通过集成智能算法，财务系统能够实时处理和汇总不同来源的数据，显著减少人工操作的必要性。这一过程不仅提高了数据处理的效率，还增强了数据的准确性。智能算法可以快速识别和纠正数据中的异常和错误，确保输出结果的可靠性。此外，自动化的数据处理使得财务人员能够将更多精力投入数据分析和决策支持中，提高财务管理的战略价值。

3．报表勾稽关系的自动校验

通过自动检测报表各项数据之间的逻辑一致性，智能工具能够及时发现和纠正数据中的不一致和错误。自动校验机制不仅减少了人为错误的可能性，还提高了财务报表的整体质量和可信度。此外，智能校验工具能够提供详细的错误报告和修正建议，帮助财务人员快速定位和解决问题，进一步优化财务报表的编制流程。

4．附注信息的自动生成

基于数据分析和预设规则，智能系统能够自动提取和生成必要的附注内容，为财务报表提供更全面的背景信息。附注信息的自动生成不仅增强了报表的透明度和合规性，还为决策者提供了更丰富的参考资料。通过自动化生成附注信息，企业能够更高效地满足监管要求和信息披露标准，同时也为利益相关者提供了更清晰的财务信息视图，支持其进行更明智的决策。

（三）报表审核的规范化

1．审核流程的标准化设计

标准化设计要求对审核流程进行详细的分解和描述，明确各个步骤的具体要求和操作细则。责任分配是标准化设计的核心内容之一，通过明确每个环节的负责人，确保审核过程中每个步骤都有专人负责，从而减少因责任不清导致的推诿和延误现象。这种设计不仅有助于提高审核的效率，还能在一定程度上防止舞弊行为的发生。伴随智能技术的应用，自动化的审核流程设计能够进一步提升审核的准确性和效率，为企业的财务管理提供更有力的支持。

2．审核要点的明确与执行

为了确保审核的有效性，企业需要制定详尽的审核标准和检查清单。这些标准和清单应涵盖所有可能影响财务报表准确性和可靠性的关键数据和异常情况。通过明确审核要点，审核人员能够在审核过程中有针对性地识别和评估潜在的问题，确保审核结果的准确性和完整性。同时，执行这些审核要点的人员需要具备较高的专业素养和判断能力，以便在复杂的财务数据中找到潜在的风险和错误，从而提高审核的质量。

3. 审核意见的及时反馈与处理

通过建立高效的反馈机制，审核人员能够将审核过程中发现的问题和建议及时传递给相关部门，促使其及时进行整改和优化。这不仅有助于提高企业的财务管理水平，还能有效地降低财务风险。完善的反馈机制要求企业建立一套快速响应的沟通和处理流程，确保审核意见能够在最短的时间内得到落实，从而实现财务报表编制和审核的闭环管理。

4. 审核记录的保存与追溯

企业应建立完善的档案管理机制，对所有审核过程和结果进行详细记录和保存。这些记录不仅应包括审核的具体步骤和发现的问题，还应包括审核意见的反馈和处理结果。通过建立系统化的保存与追溯机制，企业能够在后续的审计和合规检查中提供充分的证据支持，确保财务报表的真实性和可靠性。同时，这种机制也为企业的内部控制和风险管理提供了重要的数据支持，有助于提升企业的整体管理水平。

（四）报表分析的深入化

1. 财务指标的计算与分析

自动化工具的应用使得企业能够实时获取和计算诸如净利润率、资产回报率等关键财务指标。这些工具的使用，不仅提高了数据处理的效率，还确保了计算结果的准确性和及时性，为企业的财务健康状况提供了可靠的反馈。这种实时性的信息反馈，使得企业能够迅速应对市场变化，调整财务策略，保持财务稳健。同时，自动化工具的普及也降低了人工操作的误差率，提升了财务分析的整体质量。

2. 趋势分析与对比分析

通过结合历史数据和行业基准，企业可以识别财务数据的变化趋势。这种分析不仅有助于管理层评估企业在市场中的竞争力，还能揭示企业财务表现的优劣势。趋势分析使管理层能够预测未来的财务走向，制定更具前瞻性的战略决策。对比分析则通过与同行业企业的财务数据进行比较，帮助企业找出差距，明确改进方向，从而在市场竞争中占据有利位置。

3. 因素分析与敏感性分析

通过对财务数据的多维度剖析，企业能够识别影响财务结果的关键因素。这种分析方法不仅揭示了财务指标变化的内在原因，还能评估不同变量对财务指标的影响程度。这为企业的决策制定提供了强有力的支持，使管理层能够在复杂多变的市场环境中，作出更为精准的财务决策，降低财务风险，提升企业的整体财务表现。

4. 分析结果的可视化展示

利用先进的数据可视化工具，企业能够将复杂的财务数据转化为易于理解的图表和仪表盘。可视化展示不仅提升了管理层对财务状况的洞察力，还提高了决策效率。通过直观的图形化展示，管理层可以更快速地捕捉财务数据中的关键信息，识别潜在问题和机会，从而作出更为明智的决策。这种直观的分析结果展示方式，也有助于在企业内部进行更有效的财务沟通和报告。

六、预算管理流程优化

（一）预算目标的确定

1. 战略目标的分解与细化

战略目标的分解与细化能够使各部门明确其具体职责，从而使预算目标与企业整体战略保持一致。这一过程不仅有助于确保各项资源的合理配置，还能提升企业在市场竞争中的优势。在智能时代，企业需要更加精准地分解战略目标，以适应快速变化的市场环境和技术变革。通过细化预算目标，企业不仅可以提高资源利用效率，还能更好地应对外部环境的变化。

2. 市场环境与内部资源的分析

在智能时代，外部市场环境变化迅速，企业必须及时评估市场变化趋势和竞争态势。同时，也需要对企业内部资源状况进行全面分析，以确保预算目标符合实际情况。通过对市场环境和内部资源的双重分析，企业能够制定出适应性和灵活性更强的预算目标。这种分析不仅有助于提高预算的准确性，还能为企业在复杂的市场环境中提供更大的操作空间。

3. 预算目标的合理性评估

在预算目标的合理性评估中，企业需要结合历史数据和市场趋势，对预算目标进行定量和定性分析。这种评估不仅可以帮助企业识别潜在的风险和机会，还能确保预算目标符合企业的实际能力和市场预期。在智能时代，利用大数据和智能分析工具进行预算目标评估，能够提高预测的准确性和决策的科学性，从而为企业的长远发展奠定坚实基础。

4. 预算目标的沟通与共识

在预算目标确定后，各部门之间的沟通与协作显得尤为重要。通过有效的沟通，企业能够确保所有相关人员对预算目标达成共识，从而减少执行过程中的摩擦和误解。在智能时代，企业可以利用信息技术手段，促进跨部门的协作和信息共享，以提高预算管理的效率。这种沟通机制不仅能增强团队的凝聚力，还能为预算目标的顺利实现提供保障。

（二）预算编制的精细化

1. 预算项目的详细划分

预算项目的详细划分应根据各部门的具体需求和业务特点进行，确保每个项目的预算能够精准反映其收支情况。通过对各部门的业务活动进行深入分析，可以识别不同项目的独特需求，从而制定出更为细致的预算方案。预算项目的详细划分不仅有助于提高预算的准确性，还能为企业的财务管理提供更为精确的数据支持。此外，细分的预算项目也可以帮助管理层更好地监控和评估各部门的财务表现，为资源的合理分配提供科学依据。

2. 预算定额的科学制定

预算定额的科学制定需要结合历史数据分析和市场预测，确保预算的合理性与可执行性，避免资源浪费和资金短缺。通过分析历史数据，可以识别预算执行中的规律和趋势，从而为未来预算的制定提供参考。同时，结合市场预测，企业可以更好地把握外部环境的变化。预算定额的科学制定，不仅提高了预算的准确性和可操作性，还能有效地促进企业资源的合理配置和使用效率的提高。

3. 零基预算与滚动预算的应用

零基预算与滚动预算的应用可以提高预算编制的灵活性，确保企业能够根据市场变化和内部需求及时调整预算，提升资源配置的有效性。零基预算要求企业在每个预算周期重新评估所有预算项目的必要性和成本效益，从而避免历史预算惯性的影响。滚动预算则允许企业根据最新的市场和业务信息，定期调整预算计划。这两者的结合，能够使企业在快速变化的市场环境中保持敏捷的洞察力，确保资源配置始终与企业战略目标和市场动态相一致。

4. 预算编制的协同与沟通

预算编制的协同与沟通应建立在跨部门的合作基础上，确保各部门在预算编制过程中充分交流，达成共识，以提高预算执行的效率和效果。通过建立有效的沟通机制，各部门可以在预算编制的初期明确各自的需求和限制条件，从而减少后期的调整和纠纷。跨部门的协同不仅有助于提高预算编制的准确性，还能增强团队的凝聚力和合作精神。通过协同与沟通，企业可以更好地实现资源的优化配置，确保预算执行的顺利进行。

（三）预算执行的监控与控制

1. 预算执行情况的实时跟踪

通过建立实时监控系统，企业可以利用先进的数据分析工具对预算执行情况进行动态跟踪。这一系统的核心在于能够确保各部门及时获取预算使用情况，使其在面对预算偏差时能够迅速作出反应。这种实时监控不仅提高了预算管理的透明度，也为企业的财务决策提供了及时有效的数据支持。

2. 预算差异的分析与调整

定期进行预算差异分析，能够帮助企业比较实际支出与预算目标之间的差异，识别偏差产生的原因。这一过程不仅为管理层提供了决策支持，也确保了预算的有效执行。通过对预算差异的深入分析，企业可以识别影响预算执行的关键因素，并采取相应的调整措施。分析和调整机制的建立，有助于提高企业的财务管理效率，确保资源的合理配置。

3. 费用控制的有效实施

企业应制定严格的费用审批流程和预算限制，以防止超支现象。通过这些措施，企业可以确保各项开支符合预算规定，避免资金浪费。这不仅有助于提高企业的财务纪律性，也为企业的长期发展奠定了坚实的基础。合理的费用控制措施是实现预算目标的重要保障。

4. 预算执行的考核与评价

建立预算执行的考核机制，通过设定关键绩效指标，对预算执行情况进行全面评价。考核机制不仅有助于激励各部门在预算管理中发挥积极作用，还提高了整体财务管理水平。通过对预算执行情况的科学评价，企业能够识别优秀的预算管理实践，并加以推广。这种持续的考核与反馈机制，推动了企业预算管理能力的不断提升。

（四）预算调整的规范化

1. 明确预算调整的条件与原则

企业应根据自身的战略目标和市场动态，制定清晰的预算调整标准，避免因随意调整导致资源浪费。预算调整不仅要符合企业的长期发展战略，还需要考虑短期市场变化，以确保资源的合理配置和使用效率的最大化。规范化的调整机制能够帮助企业在动态环境中保持财务稳定性。

2. 建立有效的预算调整申请与审批流程

各部门在提出预算调整申请时，必须提供充分的理由和数据支持，以证明调整的必要性和合理性。审批流程应具备高度的透明度和效率，以便快速响应市场变化和企业内部需求。通过优化审批流程，企业可以提高预算管理的灵活性，确保各项预算调整符合企业整体战略目标，并在执行层面得到有效落实。

3. 预算调整的影响评估

企业需要对每一次预算调整进行全面的影响分析，识别可能带来的财务风险和资源配置变化。这种评估不仅有助于管理层制定相应的应对策略，还能为未来的预算管理提供参考依据。通过对调整影响的深入分析，企业可以更好地理解其财务状况和资源使用情况，从而在预算执行中采取更为精准和有效的措施。

4．实施预算调整后的跟踪与反馈

企业应定期回顾预算调整的效果，收集相关部门的反馈信息，以便及时修正不适应的预算策略。通过持续的跟踪与反馈，企业可以不断优化其预算管理流程，确保其财务策略与市场环境和企业目标的动态一致性。这种机制不仅提升了预算管理的科学性和合理性，还为企业的长期发展提供了坚实的财务保障。

第二节　智能时代下集团化企业财务共享服务流程优化途径

一、组织架构调整

（一）划分财务共享服务中心与其他部门的职责界限

在智能时代，集团化企业的财务共享服务中心需要明确自身的核心职能，以提高效率和一致性。财务共享服务中心的主要任务是集中处理集团内的财务数据和流程，这不仅有助于提高财务处理的效率，还能确保数据的一致性和准确性。通过专注于财务数据的集中化管理，企业能够更好地进行财务分析和决策支持，从而提升企业整体竞争力。同时，明确的职能划分有助于财务共享服务中心在整个集团内发挥更大的作用，成为企业财务管理的重要支撑。

在划分职责时，各部门需要在财务共享服务中心的指导下，及时提供所需要的信息和支持，确保财务流程的顺畅进行。通过建立有效的沟通机制，各部门能够更好地理解和履行其在财务流程中的角色，促进协同工作。这种协同不仅可以提高财务流程的效率，还可以减少因信息不对称导致的错误和延误，从而提高整个企业的运营效率。

建立清晰的责任分工是必要的。财务共享服务中心与其他部门在预算、报表和风险管理等方面的职责必须明确划分，确保各自的责任不重叠。这种明确的分工有助于减少内耗，提高工作效率，并为企业内部的管理提供一个清晰的框架。通过明确责任分工，各部门能够更好地专注于自身的核心职能，进而提升企业的整体财务管理水平。

（二）建立职责评估与调整机制

职责评估与调整机制的核心在于通过定期审查财务共享服务中心的职能与职责，确保其与企业的整体战略保持一致。在这一过程中，通过对财务职能的审查，企业能够及时发现并调整不再适应当前战略目标的职能。这样的调整不仅有助于提高财务共享服务中心的效率，还能确保其始终支持企业的长远发展目标。

在优化流程的过程中，通过鼓励各部门和员工对财务共享服务中心的工作提出意见和建议，企业可以及时掌握实际工作中存在的问题和需求。这种由下至上的信息流动有助于促进职责的动态调整，使财务共享服务中心能够更灵活地响应业务环境的变化。同时，员工的参与感和责任感也能因此得到提升，从而形成良性循环，推动企业整体效益的提升。

为了确保职责调整过程的透明性和公正性，需要制定明确的职责调整标准和流程。这一标准和流程为职责变更提供了明确的依据和程序，避免了调整过程中可能出现的随意性和不公正现象。通过建立这样的机制，企业能够在需要时快速而有序地进行职责调整，确保财务共享服务中心始终能够高效运作。同时，这种透明的流程也增强了员工对调整决策的信任，减少了因职责变更而引发的内部摩擦。

引入绩效考核机制，将财务共享服务中心的工作效果与各部门的协作情况纳入考核指标，是激励各方积极参与职责评估与调整的有效手段。通过绩效考核机制，企业不仅能够更好地衡量财务共享服务中心的贡献，还能促进部门间的协同合作。绩效考核机制的引入为各部门和员工提供了明确的目标和激励，使他们在职责评估与调整中更加积极主动。这种机制的实施，有助于提升企业整体的运营效率和竞争力。

（三）优化管理层级与汇报关系

1. 建立扁平化的管理结构

建立扁平化的管理结构，能够有效减少管理层级，从而提高决策的效率和响应速度。这种结构使得企业能够快速适应市场变化，确保财务共享服务在动态环境中保持高效运作。通过减少不必要的中间环节，企业可以加快信息传递的速度，降低沟通成本，进而提高整体的运营效率。扁平化管理不仅有助于信息的快速流通，还能够激发员工的创新意识和积极性，为企业的可持续发展提供动力。

2. 明确汇报关系

财务共享服务中心与各业务部门之间的信息流通必须保持畅通无阻，才能促进跨部门的协作与沟通。通过清晰的汇报关系，企业能够避免信息的丢失和误传，确保各部门在同一信息基础上开展工作。这种信息的透明化和准确性对于提高整体工作效率至关重要。此外，明确的汇报关系还能帮助各部门更好地理解财务数据的背景和意义，促进对企业财务状况的全面把握，为管理层的决策提供坚实的数据支持。

3. 引入数字化管理工具

通过数字化管理工具，企业可以实现实时数据共享，确保管理层能够快速获取所需要的财务信息。这种实时性不仅能够提高信息的准确性，还能支持决策过程的敏捷性。数字化工具能够自动化信息的收集和分析，减少人为错误，提升数据的可靠性。通过数字化手段，企业可以更好地掌握财务动态，为战略决策提供有力支持，确保在竞争激烈的市场中占据优势地位。

（四）组建专业团队

1. 整合跨职能的专业人才

一支高效的团队不仅需要具备财务专业知识，还需要整合跨职能的专业人才。通过组建跨职能团队，可以将财务、IT 和业务等部门的专业人才会聚在一起，形成一个协同作战的整体。这种整合不仅能确保财务共享服务的各个环节得到有效的支持和协作，还能在团队内部促进知识的交叉传播和创新思维的激发。团队成员通过彼此的专业背景和经验分享，能够在复杂问题的解决上形成合力，从而提高整体的工作效率和服务质量。

2. 引入数据分析和人工智能领域的专家

在智能时代，数据已成为企业发展的核心资源，如何高效地处理和分析这些数据，直接关系到企业的决策质量。通过引入数据分析和人工智能领域的专家，团队能够更好地挖掘财务数据的潜在价值，支持智能化决策的实现。这些专家不仅能提供先进的技术支持，还能帮助团队成员理解和应用最新的数据分析工具和方法，从而推动财务共享服务向智能化方向发展。

3. 建立持续培训机制

通过定期组织知识和技能培训，可以提升团队的整体素养和适应能力。有效的培训不仅能帮助团队成员掌握最新的财务工具和技术，还能增强他们对行业发展趋势的敏感度。这种培训机制能确保团队始终处于行业前沿，从而在面对外部环境变化时，能够迅速调整应对策略和方法，保持竞争优势。

4. 设立团队绩效考核指标

通过明确各成员在财务共享服务中的责任和贡献，可以激发团队成员的主动性和创造性。绩效考核不仅能帮助团队领导者识别表现突出的成员，还能为团队提供明确的目标导向。在这种激励机制下，团队成员更愿意投入时间和精力去探索新的解决方案和优化策略，从而推动整个财务共享服务流程的持续改进。

二、流程标准化建设

（一）制定标准化操作流程

1. 制定统一的财务操作手册

统一的财务操作手册需要详细列明各项财务流程的标准步骤和要求，确保所有员工在执行财务操作时遵循一致的规范。这种一致性能够减少因个体差异造成的操作失误，提高整体财务管理的精确度。

2. 建立标准化的财务数据格式和模板

标准化的财务数据格式和模板能够在不同部门之间实现数据的无缝对接，确保数据录入和报告生成的一致性。这不仅减少了因格式不统一导致的错误，还能有效降低重复工作，从而节约人力和时间成本。通过这种方式，企业能够更好地实现信息的共享和利用，提升财务决策的科学性和及时性。

3. 实施可视化管理

可视化的管理工具能够帮助员工清晰理解各项财务流程的具体环节和责任分配。通过直观的图示，员工可以快速地掌握流程的全貌和细节，减少因信息不对称导致的沟通障碍。同时，这种透明度也有助于管理层对流程的监督和优化，确保财务操作的合规性和高效性。

4. 定期对标准化操作流程进行评估和更新

通过收集和分析实际操作中的反馈，企业能够识别运营流程中的瓶颈，及时进行调整和优化。这种动态的流程管理机制不仅能保持企业的竞争优势，还能为其在智能时代的可持续发展提供有力支持。

（二）规范文档管理

1. 建立有效的文档分类体系

通过对财务文档进行类型、重要性和使用频率的分类，可以大幅度提高文档的查找和管理效率。合理的分类不仅能快速定位所需要的文档，还能为后续的文档流转和审批提供便利，减少人为错误。同时，文档分类体系的建立也需要结合企业的实际业务需求，确保分类标准的科学性和实用性。

2. 实施文档版本控制

财务文档的更新频率较高，且每次更新可能涉及重要的财务数据和决策信息。通过版本控制，企业能够清晰记录每一版本的变更情况，确保所有相关人员使用的文档版本一致，避免因版本混乱导致信息误用。版本控制系统的应用不仅提升了文档管理的透明度，还为企业的内部审计和合规性检查提供了可靠的依据。

3. 制定文档存储和备份策略

财务文档通常包含敏感信息，其安全性直接关系到企业的财务健康和商业信誉。通过合理的存储和备份策略，企业能够有效防止数据丢失和泄露。具体措施包括定期备份、异地备份以及加密存储等，以确保在意外事件发生时，企业能够及时恢复重要财务数据，维持正常运作。

4. 建立文档审批流程

财务文档在发布前需要经过严格的审批，以确保其内容的正确性和完整性。通过设立清晰的审批权限和流程，企业能够有效地控制文档的发布质量，减少错误和疏漏。审批流程的建立不仅能提高文档的可信度，还能为企业的决策提供准确的财务依据，提高企业的管理效率。

5. 引入电子文档管理系统

电子文档管理系统能够显著提高文档的检索效率，减少纸质文档的使用，降低管理成本。通过数字化管理，企业能够实现文档的集中化存储和共享，提升信息的传递效率和准确性。此外，电子文档管理系统还支持权限管理和日志记录，为企业的文档安全和合规性提供有力保障。这种数字化转型不仅符合智能时代的发展趋势，也为企业的财务管理带来了新的机遇和挑战。

（三）强化内部控制

1. 实施分层次的审批制度

通过设立多级审核流程，企业可以确保所有重要财务决策都经过严格的审核程序。这种多层次的审批制度不仅提高了财务操作的透明度，还增强了合规性，有效地防止舞弊行为。此外，分层次的审批制度还能帮助企业在复杂的财务环境中保持决策的一致性和合理性，确保企业战略目标的实现。

2. 引入自动化监控工具

在智能时代，实时跟踪财务数据和交易情况成为可能。通过自动化监控工具，企业可以及时发现异常交易并进行预警，从而保障资金安全。这种实时监控不仅提高了企业对财务活动的掌控能力，还能显著降低人为错误的发生概率。此外，自动化监控工具还能为企业提供详尽的数据分析支持，帮助管理层作出更加明智的决策。

3. 制定详细的内部控制流程

明确各项财务活动的责任和权限，可以确保各部门在财务操作中的合规性与一致性。通过清晰的流程指引，企业能够在复杂的财务环境中保持高效运作。

此外，详细的内部控制流程还能为员工提供明确的操作指南，减少因操作不当导致的财务风险。

4. 开展定期的内部审计

通过内部审计，企业能够及时发现内部控制中的不足，并为持续改进提供依据和建议。定期的审计不仅能帮助企业优化财务流程，还能提高财务共享服务的整体效率和可靠性。此外，内部审计还能增强员工的风险意识，推动企业内部控制文化的建设。

三、信息技术应用

（一）选择合适的信息系统

1. 明确业务需求和财务管理目标

信息系统的选择直接影响企业财务流程的效率和准确性，因此需要慎重考虑。企业在选择信息系统时，应明确其业务需求和财务管理目标，以确保系统能够支持企业的长远发展。选择信息系统时不仅需要关注其功能和性能，还需要考虑其在未来的可扩展性和灵活性，以适应不断变化的市场环境和技术更新。

2. 评估现有信息系统的兼容性

企业需要确保新系统能够与现有的财务软件和业务应用无缝集成，以避免数据孤岛和信息断层。在智能时代，信息系统的兼容性不仅关系到财务数据的流畅传递，还影响到企业整体的运营效率。因此，在系统选择过程中，企业应注重对现有系统架构的全面评估，并寻求能够实现无缝对接的解决方案，以确保新旧系统间的数据流动顺畅。

3. 选择支持云计算的财务系统

云计算技术为企业提供了更高的数据存储灵活性和实时访问能力，使得财务数据的处理和共享更加高效。通过云计算，企业可以实现跨地域的财务数据集中管理和实时更新，减少传统数据存储方式的局限性。同时，云计算的弹性扩展能力也使得企业能够根据业务需求动态调整资源配置，提升财务共享服务的响应速度和服务水平。

4. 系统的用户友好性

一个用户友好的系统能够帮助员工快速上手，减少培训成本，提高工作效率。尤其是在财务共享服务中，员工需要频繁操作系统进行数据处理和分析，操作界面的简洁和功能的易用性显得尤为重要。企业应选择界面直观、操作简便的信息系统，以便员工能够在最短的时间内熟悉系统功能，充分发挥系统的效能。

5. 具备智能分析和自动化功能

智能分析功能能够帮助企业快速从海量数据中提取有价值的信息，为管理决策提供科学依据。自动化功能则能够减少手工操作，降低人为错误，提高数据处理的效率和准确性。通过智能分析和自动化功能，企业可以实现财务流程的全面优化，提升其在智能时代的竞争力。

（二）系统集成与数据共享

系统集成与数据共享的核心在于建立统一的数据标准与格式，以确保不同系统间的数据能够无缝对接。这一过程的关键在于避免因数据格式不一致导致的信息孤岛现象。通过制定统一的数据标准，各系统之间能实现有效的沟通与协作，从而保障信息流的畅通无阻。这不仅有助于提高数据交换的效率，还能为企业的决策提供更为准确的依据。

1. 实施 API 接口技术

API 接口技术能够有效提高数据更新的及时性与准确性，确保企业在瞬息万变的市场环境中保持竞争力。通过 API 接口，各系统之间可以实现数据的实时传输与更新，减少人为操作的误差，并提高整体数据处理的效率。这种技术的应用不仅优化了财务共享服务的流程，也为企业的快速响应能力提供了技术支持。

2. 构建集中式数据仓库

通过集中式数据仓库，企业能够对庞杂的数据进行有效的整合和分析，便于生成全面的数据报告。数据仓库的建立使得财务数据的管理更加系统化和科学化，为企业的财务决策提供了强有力的支持。此外，集中式数据仓库还能够提升数据分析的深度和广度，使企业在数据驱动的决策中占据优势。

3. 引入数据治理机制

数据治理机制的建立不仅涉及技术层面的实现，还包括企业文化和管理制度的变革。通过有效的数据治理，企业可以提升数据共享的可信度，确保数据在各环节的准确性和安全性。这对企业的财务共享服务来说，既是挑战也是机遇，需要企业在技术和管理上实现双重突破。

4. 利用云计算平台实现跨地域、跨部门的数据共享与协作

云计算平台能够提供高效的数据处理能力和灵活的资源调配机制，使得企业能够在全球化的背景下实现高效的财务管理。通过云平台，各部门之间可以实现无缝的数据共享与协作，打破传统的地理和部门壁垒，形成一体化的财务管理体系。这不仅提高了企业的运营效率，也为其在全球市场中保持竞争力提供了坚实的基础。

（三）信息安全保障

1. 建立多层次的安全防护体系

在物理层面，通过严格的访问控制和监控措施来保护数据中心的安全；在网络层面，采用防火墙、入侵检测系统等技术来防止网络攻击；在应用层面，实施安全编码和漏洞扫描等措施以确保应用程序的安全性。通过这些全方位的安全措施，企业可以有效地保护其财务数据免受各种潜在威胁的侵害。

2. 定期开展安全培训与意识提升活动

安全培训与意识提升活动旨在增强员工对信息安全风险的认知，提高其应对安全事件的能力。通过模拟演练和案例分析，员工可以更好地理解信息安全的重要性，并掌握基本的安全防护技能，减少因人为错误导致的安全隐患。企业在制订培训计划时，应结合实际案例和最新的安全威胁趋势，以确保培训内容的实用性和时效性。

3. 采用数据加密技术

在数据存储和传输过程中，企业应使用先进的加密算法对数据进行加密处理，以确保数据的机密性和完整性。加密技术不仅可以防止数据在传输过程中被截取或篡改，还能在数据泄露事件中保护数据的内容不被非授权人员获取。企业应定期更新加密算法和密钥管理策略，以应对不断变化的安全威胁。

4. 建立应急响应机制

企业应制定详细的数据泄露和安全事件处理流程，确保在发生安全事件时能够迅速采取有效措施，减少损失。这包括组建专业的应急响应团队，定期演练应急预案等，确保团队成员熟悉各自的职责和流程。同时，企业应建立信息共享机制，与外部安全机构和同行企业合作，共同应对安全挑战。

5. 实施访问控制策略

企业需要制定明确的权限管理制度，确保只有经过授权的人员才能访问特定的数据。同时，通过日志记录和监控手段，企业可以追踪数据访问情况，及时发现并阻止未授权访问行为。访问控制策略不仅保护了企业的财务数据，还为企业提供了合规审计的基础，帮助企业满足相关法律法规的要求。

四、人员培训与素质提升

（一）开展数据分析技能培训，提升员工的数据处理和分析能力

系统化的数据分析技能培训计划应涵盖基础数据处理、数据挖掘和统计分析等模块，确保员工不仅能处理日常数据，还能从中提取有价值的信息以支持决策过程。通过这种全面的培训，员工能够熟练应用数据分析技术，提高工作效率和决策质量，为企业在竞争激烈的市场中提供有力支持。

为适应不同员工的学习需求和时间安排，企业应充分利用在线学习平台和工具。这些平台能提供灵活的学习资源和课程，员工可以根据个人需求进行自学和进修。这种学习模式不仅提高了员工的学习自主性，还能在不影响其日常工作的情况下提升其专业技能。此外，在线学习平台通常提供互动性

强的学习体验，能够增强员工的学习兴趣和动力，从而更好地掌握数据分析技能。

为了确保培训效果的有效性和针对性，需要建立数据分析能力评估机制。企业应通过定期考核和反馈，持续跟踪员工的学习进展和能力提升。这种评估机制不仅能够识别员工在学习过程中的薄弱环节，还能为其提供有针对性的改进建议。同时，定期的评估反馈也能激励员工不断进步，形成良好的学习氛围，最终实现企业整体数据分析能力的提升。这一过程对于智能时代集团化企业的财务共享服务流程优化具有重要意义。

（二）组织流程优化技能培训，培养员工的流程改进意识和能力

通过系统化的流程优化技能培训，企业可以培养员工的流程改进意识和能力，使其能够主动识别和分析现有流程中的问题与不足。这种意识的建立，不仅有助于员工对于提升整体流程改进的主动性和自觉性，还能为企业的长远发展奠定坚实的基础。在培训过程中，企业应注重理论与实践相结合，确保员工能够将所学知识应用到实际工作中，从而实现真正的流程优化。

为了进一步提升员工的专业能力，企业可以引入流程优化工具和方法，如6σ、精益管理等。这些工具和方法提供了系统化的流程分析与改进技巧，使员工能够更加有效地识别问题并提出解决方案。通过掌握这些工具，员工不仅可以提升自身的专业能力，还能为企业创造更多的价值。这种能力的提升，不仅体现在具体的流程改进上，还能促使员工在日常工作中更加关注效率和质量的提高，从而推动企业整体运营水平的提高。

通过组织跨部门的流程优化工作坊，不同部门的员工可以在实践中学习流程协作的重要性，并促进彼此之间的交流与合作。这种跨部门的合作，不仅能够提升团队的协作能力，还能在更大范围内推动流程优化的实施。通过在实践中不断磨合，员工能够更好地理解和适应不同部门的需求，从而在流程优化中发挥更大的作用。这种协作能力的提升，能为企业在复杂的商业环境中保持竞争力提供有力支持。

（三）举办办公软件操作技能培训，提高员工的工作效率

1. 组织针对常用办公软件的基础与进阶操作培训

通过组织针对常用办公软件的基础与进阶操作培训，员工可以熟练掌握文

档编辑、数据处理和演示制作等技能，显著提高日常工作效率。这些技能不仅是员工在日常工作中不可或缺的，也是智能化背景下财务共享服务高效运作的基础。

2. 定期开展办公软件使用技巧分享会

办公软件使用技巧分享会不仅能为员工提供一个交流经验和技巧的平台，还能激发员工的创新思维，促进知识的传递和共享。通过这种方式，团队成员能够在相互学习中不断提高自身能力，从而提升整体的工作效率和团队协作能力。举办办公软件使用技巧分享会，也有助于营造一个学习型组织的氛围，增强员工的归属感和团队凝聚力。

3. 引入在线学习平台为员工提供灵活的办公软件培训课程

引入在线学习平台后，员工可以根据自身的需求和时间安排，自主选择学习内容和进度，这种灵活性极大地提高了学习的主动性和效率。使用在线平台还可以降低企业的培训成本，同时覆盖更广泛的学习内容，满足员工多样化的学习需求。这种培训方式的灵活性和高效性，使其成为企业人员素质提升的重要手段。

（四）组织创新思维培训，培养员工的创新意识和创新能力

组织创新思维培训，旨在培养员工的创新意识和创新能力，是企业在激烈竞争中保持领先地位的有效策略。通过系统化的培训，员工可以更好地理解创新在财务共享服务中的作用，从而在日常工作中更积极地应用创新思维，推动企业工作流程的优化。

1. 引入创新思维工具

引入创新思维工具，如头脑风暴和思维导图等，能够有效帮助员工在面对复杂问题时产生多样化的解决方案。这些工具不仅能够提升团队的创造力，还可以增强团队协作能力，使得团队成员在不同的视角下进行思考和交流。头脑风暴鼓励开放式的思考，允许员工自由表达想法；思维导图则帮助员工厘清思路和概念之间的关系。这种工具的应用，不仅在短期内能够解决具体问题，还在企业长期发展中促进创新文化的形成。

2. 建立内部创新激励机制

通过对提出有效创新建议和实施成功项目的员工进行奖励，企业能够激励员工积极参与创新活动。这种机制不仅能够提高员工的工作积极性，还能使员工感受到自身价值，从而增强他们对企业的归属感和忠诚度。在这种氛围下，员工更愿意分享自己的创新想法，形成良性循环，推动企业不断进步。

3. 开展跨部门合作项目

鼓励跨部门的合作项目，可以促进不同背景和专业的员工共同探讨和解决问题。跨部门合作能够打破传统的组织壁垒，促进信息和资源的共享，从而提升团队的多元化思维。这种合作方式不仅能够带来更具创新性的解决方案，还能推动创新成果的实现。在智能时代，跨部门的协作是企业应对复杂挑战的有效途径，有助于企业在财务共享服务的流程优化中取得突破性进展。

五、内部沟通与协作

（一）建立沟通机制

1. 制定内部沟通管理制度

通过明确各部门在沟通中的职责和流程，可以有效地确保信息传递的高效性与准确性。这种制度不仅有助于减少信息传递过程中的障碍，还能规范沟通行为，避免因职责不清导致的误解和信息遗漏。此外，明确的沟通流程也有助于各部门在信息传递时有章可循，减少了因不确定性带来的沟通延迟，从而提高整个企业的运营效率。

2. 设立多种沟通渠道

定期会议能够提供面对面交流的机会，有助于解决复杂问题和进行策略性讨论。电子邮件适合传递详细信息和文件，同时保留沟通记录。即时通信工具则为快速交流提供了便利，适合日常事务和紧急问题的处理。这些多样化的沟通渠道能够适应不同的工作场景和需求，确保信息能够在合适的时间以合适的方式传递到需要的人手中，进而提高沟通效率。

3. 建立信息反馈机制

通过信息反馈机制，各部门能够及时反馈信息和建议，促进问题快速解决。反馈机制的有效实施需要各级管理者的支持和参与，以确保反馈信息能够得到重视和及时处理。信息反馈不仅有助于发现和解决问题，还能为企业的决策提供有价值的参考数据。在信息反馈的过程中，各部门可以分享成功经验和教训，进而推动整个企业在财务共享服务中的持续改进和优化。

4. 加强跨部门沟通协调

通过定期组织跨部门协作会议，各部门可以分享各自的工作进展和遇到的问题，寻找共同的解决方案。此外，设立项目小组可以针对特定的任务或问题进行深入合作，集思广益，发挥各部门的优势。跨部门的沟通协调不仅能够提高协作效率，还能增强团队的凝聚力，促进企业文化的融合。这种协作方式在智能时代尤为重要，因为复杂的业务环境要求更高的灵活性和响应速度。

（二）加强团队协作

1. 开展团队建设活动

通过开展团队建设活动，不仅能够增强成员之间的信任与合作，还可以提升团队的凝聚力和协作效率。在这些活动中，成员们有机会相互了解彼此的工作方式和思维模式，从而在实际工作中更好地协调配合。此外，团队建设活动还为成员提供了一个放松身心的机会，使他们能够在轻松的氛围中提升工作技能和团队意识。

2. 明确团队目标和任务

在智能时代的财务共享服务中，每位成员都需要清楚地了解自身的职责和目标。这不仅有助于个人工作的高效开展，也能促进团队成员在共同目标下的协作与配合。通过设定明确的团队目标，企业能够引导员工朝着一致的方向努力，减少因目标不明导致的工作偏差和效率低下。同时，明确的任务分工也能帮助团队更好地分配资源和时间，确保各项工作有序进行。

3. 营造良好的团队氛围

开放的沟通和反馈机制能够创造一个支持和包容的工作环境。在这样的环境中，成员们可以自由地表达想法和意见，不必担心受到批评或排斥。这种开放的氛围有助于激发团队的创造力和问题解决能力，使团队能够更快地适应变化并应对挑战。同时，良好的团队氛围也能增强成员之间的信任和理解，为团队协作奠定坚实的基础。

(三) 优化信息共享

1. 建立信息共享平台

通过整合各部门的财务数据与信息，企业能够实现信息的集中管理和便捷访问。这不仅能够提高数据的使用效率，还能够减少信息分散导致的沟通障碍。信息共享平台的建设需要考虑不同部门的信息需求和使用习惯，以确保平台的实用性和易用性。同时，平台的技术架构也应具备良好的扩展性，以适应未来业务增长和技术发展的需要。通过建立信息共享平台，企业可以实现财务信息的快速传递和共享，支持更为及时和准确的决策制定。

2. 规范信息发布和查询流程

制定明确的操作指南和标准，有助于确保信息在发布和查询过程中遵循一致性和透明性。这一规范化过程不仅能够降低信息误用的风险，还能提高信息的可靠性和可追溯性。通过明确每个信息发布和查询环节的责任人和操作步骤，企业可以有效减少人为错误的发生。此外，定期对员工进行相关培训，确保他们熟悉并遵循既定的流程和标准，也是维持信息质量和提高流程效率的必要措施。

3. 加强信息安全管理

在信息共享平台中，实施数据访问控制和加密措施是防止敏感财务信息泄露和未授权访问的有效手段。企业应根据信息的重要性和敏感性，设定不同的访问权限，确保只有经过授权的人员才能访问相应的数据。同时，还应采用先进的加密技术保护数据传输和存储的安全性。定期进行安全审计和漏洞检测，及时发现和修复潜在的安全隐患，是确保信息安全管理体系有效性的关键。

4．定期对信息共享平台进行评估和改进

通过收集用户反馈和进行数据分析，企业能够识别平台功能和用户体验中的不足，并进行针对性优化。评估过程中，应重点关注平台的响应速度、数据准确性和用户满意度等指标。根据评估结果，企业可以进行技术升级和功能扩展，以满足用户不断变化的需求。动态改进机制，确保信息共享平台始终能够支持企业财务共享服务的高效运作。

（四）推动文化融合

1．定期举办企业文化宣讲会

通过定期举办企业文化宣讲会，员工不仅可以深入了解企业的使命和愿景，还可以在日常工作中更好地内化这些价值观。这种内化过程有助于员工在工作中形成一致的价值判断，进而推动企业整体目标的实现。此外，文化宣讲会还为员工提供了一个开放的交流平台，促进不同层级和部门之间的沟通，减少误解与冲突的发生。

2．组织团队建设日和文化分享会

通过组织团队建设日和文化分享会，企业能够增进不同团队之间的互动与理解。这些活动不仅可以打破部门之间的壁垒，还能够在轻松的环境中培养员工的团队合作精神。团队建设日通常包括一系列的合作挑战和游戏等，旨在提高员工的协作能力和解决问题的能力。文化分享会则为员工提供了展示各自文化背景和专业知识的机会，促进其相互学习和理解。这些活动的开展，有助于形成更加紧密和协作的工作氛围。

3．制定并推广统一的行为准则和工作规范

通过明确的规范，企业能够确保所有员工在工作中遵循相同的标准，从而减少因个人差异导致的工作偏差。这些准则和规范不仅应涵盖工作流程和操作步骤，还应包括对员工行为的期望和要求。通过培训和宣传，这些规范被内化为员工的日常行为准则，确保团队在面对复杂任务时能够高效协作。此外，统一的行为准则还为员工提供了明确的职业发展路径，激励他们在工作中追求卓越。

4. 开展文化活动

文化活动的组织，如节日庆典和员工才艺展示，进一步增强了员工的归属感和凝聚力。节日庆典为员工提供了一个放松和庆祝的机会，拉近了员工之间的距离，增强了团队的凝聚力。员工才艺展示则为员工提供了一个展示个人才能的平台。这些活动不仅丰富了员工的职业生活，还为企业文化的深入发展提供了土壤。在这些活动中，员工可以感受到企业对他们的重视和认可，进而增强对企业的忠诚度和归属感。通过多层次的文化活动，企业文化得以深入人心，形成强大的文化驱动力。

第三章 智能技术在集团化企业财务共享服务中的应用

第一节 人工智能在财务共享服务中的应用

一、人工智能概述

（一）人工智能的定义与特征

人工智能被定义为一种能够模拟人类智能的技术系统。人工智能涉及其在感知、推理、学习和自我纠正等方面的能力。作为一种前沿技术，人工智能的核心特征在于其能够处理复杂数据并从中提取有价值的信息。通过对海量数据的高效处理，人工智能能够帮助企业快速识别财务数据的异常和趋势，从而提高财务决策的准确性和时效性。此外，人工智能在自动化决策中的应用也日益广泛，其通过机器学习算法和数据分析，能够实现对财务流程的自动化优化，减少人为干预，提高工作效率。人工智能对财务流程优化的影响不可小觑，它不仅能够降低成本，还能够提高财务共享服务的整体效能，为集团化企业的财务管理带来革命性的变化。

（二）人工智能的主要技术

人工智能的主要技术包括机器学习、自然语言处理、智能机器人流程自动化等。这些技术在财务共享服务中的应用为企业提供了更高效和准确的财务管理手段。机器学习通过分析海量数据，识别模式并预测趋势，为企业的财务决策提供支持。自然语言处理则使得财务报告的编制和解读更加自动化和智能化，减少了人为错误。智能机器人流程自动化通过自动执行重复性财务操作，提高了效率并降低了成本。

二、人工智能在财务核算中的应用

（一）智能财务核算系统的功能和特点

智能财务核算系统通过集成先进的人工智能技术，能够自动化处理大量的财务数据，提升企业财务核算的准确性和效率。该系统的核心功能包括数据采集、数据处理、财务分析和报表生成等，确保财务核算过程的高效性和可靠性。其特点在于，系统可以根据企业的具体需求进行定制化开发，适应不同规模和行业的企业需求。此外，智能财务核算系统还具备高度的灵活性和可扩展性，能够随着企业的发展进行功能的扩展和升级。

通过与企业内部其他信息系统的无缝集成，智能财务核算系统可以实时获取和处理来自各个业务部门的数据。这种实时数据处理能力使得企业能够在瞬息万变的市场环境中迅速作出财务决策，提高市场竞争力。实时数据处理不仅提升了财务信息的时效性，还增强了财务报告的准确性，为管理层提供了可靠的数据支持。此外，实时处理能力还减少了人工干预的需求，降低了人为错误的风险。

智能财务核算系统的自动化报表生成功能简化了财务报告的编制过程。通过预设的模板和规则，系统可以自动生成符合企业需求的财务报表，减少了人工操作的复杂性和工作量。这种自动化的报表生成功能不仅提高了财务报告的效率，还确保了报告格式的标准化。企业可以根据需要快速生成月报、季报和年报等财务报告，及时向管理层和外部利益相关者提供准确的财务信息，支持决策制定和业务规划。

智能财务核算系统具备异常检测功能。该功能通过先进的算法和模型，能够自动识别财务数据中的异常和异常趋势，为企业提供预警信息。这种智能异常检测功能不仅能帮助企业及早发现潜在的财务风险，还能指导财务人员进行深入分析和调查，采取相应的应对措施。通过异常检测，企业可以更好地控制财务风险，确保财务活动的合规性和安全性。这一功能的实现依赖于系统对历史数据的深度学习和模式识别能力。

智能财务核算系统的多维度财务分析能力为企业提供了更为全面的财务视角。通过对财务数据的多维度分析，企业可以从不同角度审视财务状况，识别业务中的优势和不足。这种多维度分析能力不仅能支持财务决策，还能为业务战略的制定提供依据。企业可以通过财务分析了解各个业务单元的盈利能力、成本结构和资金使用效率，从而优化资源配置，提高整体运营效率。多维度分析能力的实现依赖于系统对数据的深度挖掘和智能化处理。

智能财务核算系统设计注重用户体验，界面简洁直观，操作流程清晰易懂，财务人员能够快速上手并高效操作。用户友好界面不仅提高了工作效率，还降低了使用过程中的错误率。此外，该系统还支持个性化设置，用户可以根据个人习惯和工作需求，自定义操作界面和功能模块。这种易用性设计不仅适用于专业财务人员，也适合非财务背景的管理人员，为企业内部的财务信息共享和沟通提供了便利。

（二）自动化记账和凭证生成系统

自动化记账和凭证生成系统的核心功能在于通过智能算法实现对财务数据的高效处理。自动化记账系统具备实时数据录入能力，能够快速处理大量交易信息，显著减少人工操作中的错误。这一特性不仅能够提高财务处理的速度，还能增强数据的准确性和可靠性。此外，自动化记账的实施还大幅度降低了人力成本，使得企业能够将更多资源投入战略性财务决策中。

自动化记账和凭证生成系统通过内置的规则算法，能够自动匹配交易信息与会计科目，极大地提高了凭证生成的效率。这种智能化的匹配过程依托于对历史数据和规则的深度学习，能够在短时间内完成复杂的财务处理任务。凭证生成的智能化不仅提高了会计工作的效率，也让财务人员有了更多时间去关注财务分析和战略规划，推动企业财务管理的转型升级。

在合规性方面，自动化记账与凭证生成系统内置了严格的合规性检查机制，确保所有生成的凭证均符合相关财务法规与企业内部控制要求。这一功能通过预设的合规规则和实时监控，能够有效地防范财务违规行为的发生。合规性检查的自动化不仅减少了人工审核的工作量，还提升了企业财务报表的可信度，为增强企业的财务透明度和市场声誉提供了坚实的保障。

系统对异常交易的智能识别与提示功能是其在风险管理中的主要应用。通过对交易数据的实时分析，系统能够识别潜在的异常交易，并及时向财务人员发出警示。这种智能识别机制依托于大数据和机器学习技术，能够不断优化识别算法，提高异常检测的准确性和及时性。通过这种方式，企业能够在第一时间发现并处理可能存在的财务风险，增强财务管理的安全性。

自动化记账和凭证生成系统具备集成化的财务数据共享平台。该平台支持不同部门间的信息流动，打破了传统财务管理中的信息孤岛。通过财务数据的无缝共享，企业能够提高整体财务管理的透明度和协同效率。这种集成化的财务管理模式不仅促进了各部门的协同工作，也为企业的战略决策提供了更加全面和实时的财务信息支持。

三、人工智能在财务分析中的应用

（一）数据挖掘和分析技术在财务分析中的应用

数据挖掘和分析技术通过识别潜在的财务趋势和模式，帮助企业作出更为精准的财务决策。财务数据往往复杂且庞大，传统的分析方法难以全面揭示数据背后的信息，而数据挖掘技术能够从中提取有价值的洞见，识别隐藏的模式和趋势。通过对历史数据的深入挖掘，企业可以预测未来的财务表现，制定更加科学的财务战略，增强市场竞争力。

基于数据挖掘的风险评估模型为企业提供了实时监测财务风险的能力。这些模型能够识别潜在的财务风险因素，并提供及时的预警，从而帮助企业在风险来临前采取必要的措施，降低财务损失。这种实时监测和预警能力在当前快速变化的商业环境中尤为重要，能够显著提升企业的风险管理水平。此外，风险评估模型还可以帮助企业优化其内部控制流程，确保财务操作的合规性和安全性。

利用数据分析技术进行财务预测可以提升企业财务预算的准确性。通过结合历史数据和市场趋势，数据分析技术能够为企业提供更加准确的财务预测。这种预测不仅包括企业收支趋势，还涵盖市场变化对企业财务状况的潜在影响。精准的财务预测可以帮助企业合理分配资源，优化资金使用效率，并制定更具前瞻性的经营策略，从而在激烈的市场竞争中保持领先地位。

数据可视化技术的应用，使得复杂的财务数据转化为易于理解的图表和图形，帮助管理层快速地把握企业的财务状况。通过直观的可视化展示，管理层可以在短时间内获取关键信息，作出明智的决策。数据可视化不仅提高了信息传递的效率，还增强了财务信息的透明度，为企业内部的沟通与协作提供了有力支持。此外，数据可视化还可以帮助发现财务数据中的异常情况，及时采取纠正措施。

应用机器学习算法优化财务分析过程，是提高数据处理效率的有效途径。

机器学习算法能够自动化处理大量财务数据，减少人工干预，提高分析结果的客观性和准确性。这些算法通过不断学习和优化，可以适应不同的财务场景，提供更加精准的分析结果。借助机器学习，企业能够在更短的时间内完成复杂的财务分析任务，提升决策的速度和质量，最终增强企业的竞争优势。

（二）智能财务分析模型的构建和应用

智能财务分析模型的构建不是对传统财务分析方法的简单替代，而是通过引入先进的智能技术，提升财务分析的深度和广度。智能财务分析模型的应用能够有效地整合企业内部及外部的多源数据，提供更加全面和精准的财务分析结果。这种模型不仅提高了财务分析的效率，还为企业的战略决策提供了有力支持。通过智能化的分析，企业能够更好地识别潜在的风险和机遇，从而在动态的市场环境中保持竞争优势。

智能财务分析模型的构建方法是其成功应用的基础。数据来源的选择与整合是模型构建的首要步骤。企业需要从内部财务系统、市场数据、行业报告等渠道获取数据，以确保模型输入的全面性和准确性。此外，数据的整合需要考虑不同数据格式和来源的兼容性，使用大数据技术和工具进行清洗和标准化处理。这一过程中，数据的质量和完整性直接影响到模型的分析结果。因此，企业在构建智能财务分析模型时，必须建立高效的数据管理和整合机制，以确保模型的基础数据可靠。

在智能财务分析模型中，企业需要根据自身的业务特点和战略目标，设定一系列关键财务指标，如盈利能力、流动性、偿债能力等。这些指标不仅要能够反映企业的财务健康状况，还要能够揭示潜在的财务风险。在此基础上，企业可以通过历史数据分析和行业对标，持续优化这些关键指标的设定，以提高模型对财务状况的敏感性和准确性。通过不断的指标优化，智能财务分析模型能够更加精准地预测企业未来的财务表现。

智能财务分析应用机器学习算法可以提升财务分析模型的预测准确性。机器学习算法能够从大量历史财务数据中学习模式和规律，从而提高模型的预测能力。通过选择适当的算法，如回归分析、决策树、神经网络等，企业可以在不同的财务分析场景中应用这些算法，提高预测的精准度和可靠性。此外，机器学习算法还能够不断自我学习和优化，随着数据量的增加和模型的使用，其预测能力也会逐步增强，为企业的财务决策提供更为可靠的依据。

智能财务分析模型的实时监控与反馈机制是其有效运行的保障。通过实时监控，企业能够及时获取财务分析模型的运行状态和分析结果，快速识别异常情况和潜在风险。反馈机制则使得企业能够根据实时反馈信息，迅速调整和优化模型的参数和算法，以适应不断变化的市场环境。实时监控与反馈机制的结合，不仅提高了财务分析的准确性和时效性，还增强了企业对财务风险的应对能力，使得企业在复杂的市场环境中能够保持灵活性和敏捷性。

（三）基于人工智能的财务预测和决策支持

结合历史数据和实时市场信息，人工智能技术能够显著提高财务预测的准确性和及时性。传统的财务预测方法往往依赖于历史数据的线性外推，人工智能则通过复杂的算法模型捕捉数据中的非线性关系，从而提供更为精准的预测结果。这种方法不仅在时间上更为高效，而且在应对市场波动时表现出更强的适应性，使企业能够在瞬息万变的市场环境中保持竞争优势。

利用机器学习算法分析财务数据，企业可以识别潜在的财务风险，并提供相应的决策建议以降低风险损失。机器学习算法通过对大量数据的训练和学习，能够发现传统分析方法难以察觉的隐藏模式和趋势。这种能力使得企业在风险管理方面能够更加主动，有效地减少因风险事件导致的财务损失。此外，机器学习算法还可以持续优化风险识别模型，确保企业在面对新型风险时能够及时调整策略。

智能决策支持系统能够实时处理和分析大量财务数据，为管理层提供数据驱动的决策依据。这种系统通过高效的数据处理能力，将复杂的财务数据转化为直观易懂的信息，帮助管理层快速作出明智决策。实时分析功能使得管理层能够在关键时刻获取最新的财务状况和市场动态，确保决策的及时性和有效性。这样的系统不仅提高了决策的效率，也增强了企业整体的应变能力。

基于人工智能的财务预测工具，能够自动生成财务报告，并通过可视化技术展示关键财务指标，提高决策效率。报告生成自动化降低了人工干预的错误可能性，使财务信息更为准确和一致。可视化技术则通过图表、仪表盘等形式，将复杂的数据以直观的方式呈现，提升了信息的可读性和理解度。这种技术的应用使得企业管理层能够快速掌握财务健康状况，进行有效的资源配置和战略调整。

智能化的财务决策支持系统集成了多种数据源，确保决策时的信息全面性和准确性，增强决策的科学性。该系统不仅整合了企业内部的财务数据，还包括外部市场数据、竞争对手信息等，形成一个全面的信息网络。通过对多源数据的整合分析，决策支持系统能够提供更加全面的视角，帮助企业在复杂的商业环境中作出更具前瞻性的决策。这种全面的信息整合能力，使得企业在战略规划和执行过程中，能够有效地降低不确定性带来的挑战。

四、人工智能在财务共享服务中的实施路径

（一）需求分析和规划

1. 明确财务共享服务的业务需求

通过识别各部门在财务流程中的痛点与改进空间，企业能够更好地界定人工智能应用的具体场景和目标。实现这一过程需要深入了解企业的财务操作流程，找出其中的低效环节和重复性工作，以便人工智能技术能够精准地介入并优化。

2. 评估现有财务系统的技术能力

只有全面了解现有系统的优势与不足，才能确定人工智能与现有系统的结合点，从而实现财务流程的自动化与智能化。通过这种方式，企业不仅可以提高财务处理效率，还能够降低运营成本，增强整体决策支持能力。

3. 制定明确的实施目标

明确的实施目标通常包括提高效率、降低成本和增强决策支持能力等方面。为了实现这些目标，企业需要建立跨部门沟通机制，确保各相关方在需求分析阶段充分参与并提出反馈。这样的机制有助于形成共识和合作基础，避免因信息不对称或沟通不畅导致的实施障碍。通过积极的跨部门协作，企业能够更好地整合资源，确保人工智能技术在财务共享服务中的顺利实施。总之，需求分析和规划不仅是技术实施的前提，更是企业实现智能化财务管理的重要战略步骤。

（二）技术选型和系统集成

1. 技术选型

技术选型需要从企业的实际需求出发，选择支持财务共享服务各项功能的人工智能平台。这不仅包括数据处理和分析能力，还涉及自动化决策的支持，

以提升财务管理的效率和准确性。选择合适的技术平台是实现高效财务共享服务的基础，能够有效减少人工操作的误差，并提高财务数据处理的效率和质量。

2. 系统集成的可行性评估

在评估过程中，需要确保所选新技术与现有财务系统的兼容性，以避免技术冲突带来的业务中断风险。通过详细的兼容性测试和评估，可以识别潜在的技术障碍，并及时调整系统架构，以确保新旧系统的无缝对接。这一过程不仅涉及技术层面的调整，还需要考虑业务流程的优化，以便新系统能够更好地支持企业的财务管理需求。

3. 制订系统集成的实施计划

系统集成的实施计划应明确各阶段的时间节点、资源配置和责任分工，以确保各环节的工作有序进行。建立技术支持和维护机制也是不可或缺的一环。在系统上线后，及时解决技术问题并进行定期更新，能够保障系统的持续稳定运行。这不仅有助于提高财务共享服务的效率，还能为企业的长远发展提供坚实的技术支持。通过系统化的实施路径，企业可以更好地应对智能时代带来的挑战，实现财务管理的智能化转型。

（三）数据准备和处理

1. 数据清洗与标准化

通过消除冗余和异常数据，能够确保财务数据的一致性和准确性。这一过程不仅提高了数据的可信度，也为后续的分析与处理奠定了坚实的基础。标准化的数据能有效减少人工干预，使得自动化处理成为可能，从而提高整体运营效率。此外，数据清洗与标准化还可以帮助企业识别潜在的财务风险，确保财务决策的科学性和合理性。

2. 建立数据治理框架

数据治理框架需要明确数据管理的职责、流程和标准，以此提升数据质量和安全性。通过清晰的职责划分，企业可以确保每个数据管理环节都有专人负责，减少数据管理中的漏洞和盲点。同时，流程的标准化也有助于在数据管理过程中保持一致性，减少人为错误。数据治理框架的建立不仅是对现有数据管理模式的优化，也是对未来数据管理需求的前瞻性准备，有助于企业在快速变化的市场环境中保持竞争力。

3. 实施数据分类与标签管理

通过对财务数据进行分类和标签化处理，企业可以实现对不同类型数据的快速检索和使用。这不仅提高了工作效率，也使得数据的管理更加有序和系统化。分类与标签管理让企业能够更灵活地应对多变的市场需求，快速作出反应和调整。同时，这种管理方式也为企业的财务分析提供了更为精准的数据支持，使得财务决策更加科学和高效。

4. 定期进行数据审计与监控

通过定期审计，企业能够及时发现和修正数据问题，确保数据的准确性和完整性。数据监控则有助于实时掌握数据的动态变化，及时预警潜在风险。这种双管齐下的方式不仅提高了数据管理的透明度，也增强了企业对数据安全的信心。数据审计与监控的实施，使得企业在面对复杂的财务环境时，能够保持数据的高质量和高可靠性，从而支持企业的长远发展。

（四）模型训练和优化

1. 模型训练数据的选择与预处理

高质量和具有代表性的数据不仅能提高模型的训练效果，还能增强其在实际应用中的适用性。为此，企业应制定严格的数据收集和清理标准，确保输入数据的准确性和完整性。此外，数据预处理过程还应包括去噪、标准化等步骤，以消除数据中的异常值和不一致性，从而为模型提供更为纯净的训练环境。这一过程的精细化管理将直接影响模型的最终表现。

2. 算法参数的优化与调整

通过实验和交叉验证，企业可以确定最佳的参数组合以提高模型的预测精度。参数优化不仅涉及学习率、正则化系数等超参数的调整，还包括模型结构的选择和调整。不同的业务场景可能需要不同的模型架构，因此企业需要具备灵活调整模型结构的能力。通过不断的实验和调整，企业能够找到适合其特定业务需求的最佳模型配置。

3. 模型评估指标的制定与应用

采用多种评估标准，如准确率、召回率、F1 值等，可以全面衡量模型的性能，确保其在不同业务场景下的适用性。评估指标的选择应根据企业的具体需求和应用场景进行定制，以便更准确地反映模型的实际表现。同时，企业还应建立持续的模型更新与迭代机制，定期根据新数据和业务需求对模型进行再训练和优化，保持其有效性和准确性。这一机制的建立能确保模型在快速变化的商业环境中始终保持领先地位。

（五）系统测试和上线

1. 系统测试的全面性

系统测试必须覆盖所有功能模块，包括财务核算、报表生成和数据分析等。通过全面的测试，可以验证系统的整体性能，确保系统上线后能够高效支持企业的财务活动。系统测试不仅是技术层面的验证，更是对系统与业务流程融合程度的检验，确保在实际应用中不会出现功能缺失或漏洞。

2. 用户验收测试

通过邀请实际用户参与测试，可以确保系统不仅符合技术规范，更重要的是满足业务需求和用户体验。在用户验收测试过程中，及时收集用户反馈并进行调整，有助于发现潜在问题，优化系统功能。用户的参与不仅提高了系统的适用性，还增强了用户对新系统的接受度和使用信心，进而促进系统的顺利上线和推广。

3. 制订详细的上线计划

上线计划应包括明确的时间安排、资源分配和责任分工等，以确保上线过程的有序进行，降低业务中断风险。上线计划不仅是对技术实施的指导，更是对企业资源的合理调配和风险管理的体现。通过周密的计划，可以有效减少上线过程中出现的突发问题，确保系统上线的顺利和稳定。

4. 监控与支持机制

建立快速响应团队，及时处理用户反馈和技术问题，是确保系统高效运转的关键。监控机制不仅要关注系统的技术性能，还要关注用户的使用体验和业务流程的顺畅性。通过持续的监控和支持，可以及时发现并解决问题，确保系统能够为企业的财务管理提供长期可靠的支持。

第二节　大数据在财务共享服务中的应用

一、大数据概述

大数据通常被定义为一种在规模、速度和多样性上超出传统数据处理能力的数据集合。它不仅包括传统的结构化数据，还涵盖半结构化和非结构化数据，这使得数据的处理和分析变得更加复杂。大数据的特征通常被概括为“4V特征”，即数据量大（Volume）、数据类型多样（Variety）、数据处理速度快（Velocity）和数据真实性（Veracity）。这些特征使得大数据在处理过程中需要特殊的技术和工具来进行有效的管理和分析。

大数据技术能够通过对海量数据的分析和挖掘，为企业提供深刻的洞察。这种洞察不仅能够支持企业在决策过程中的优化，还能够推动业务创新，从而提升企业的竞争力。在财务共享服务中，大数据技术的应用场景十分广泛。它可以用于实时数据分析，帮助企业及时掌握财务状况和市场动向，从而作出迅速而准确的决策。通过财务预测，企业可以更好地规划资源分配，优化财务流程，提高运营效率。此外，大数据还可以用于风险管理，通过对潜在风险的预测和分析，企业可以提前制定应对措施，降低风险损失。

在客户行为分析方面，大数据技术能够帮助企业更好地理解客户的需求和行为模式。这对于制定精准的营销策略和提升客户满意度具有重要作用。通过对客户数据的深入分析，企业可以实现个性化服务，提高客户忠诚度，进而增强市场竞争力。

二、大数据在财务数据管理中的应用

（一）财务数据的采集和整合

通过集成多种数据源，企业能够实现财务数据采集流程的自动化，确保实时数据的获取与更新。这种自动化的采集流程不仅能够提高数据采集的效率，还能降低人为错误的可能性。在智能时代，企业可以利用传感器、物联网设备等技术手段，自动获取相关财务数据。例如，通过与银行系统、供应商系统的直接对接，企业能够实时获取交易数据，极大地提升财务信息的时效性和准确性。

通过ETL（提取、转换、加载）过程，企业能够将来自不同系统的数据进行有效整合，以确保数据的兼容性和一致性。ETL技术不仅能够处理结构化数据，还能处理非结构化数据，使得企业在面对多样化数据源时，依然能够保持数据的完整性和可用性。这种技术有助于企业在进行财务分析和决策时，能够依赖准确且一致的数据源，从而提高决策的科学性和有效性。

通过建立跨部门的数据共享平台，各部门能够在统一的财务数据基础上进行协作，提高数据的可用性和透明度。这种机制不仅有助于打破信息孤岛，还能够促进企业内部资源的优化配置。财务部门与其他业务部门之间的协同工作，能够通过共享数据实现更高效的运营和管理，从而提升企业整体的财务管理水平。

（二）数据仓库和数据集市的建设

数据仓库作为企业的数据存储中心，承载着海量财务数据的存储与管理任务，其设计原则直接影响着数据存储和数据查询的效率。选择合适的数据模型是设计数据仓库的第一步，需要考虑企业的业务需求、数据类型以及未来的扩展性。优化数据结构则是为了提高数据存储和数据访问的效率，同时确保数据一致性，以支持企业高效的数据存储和查询需求。通过科学的设计，数据仓库能够为企业提供可靠的数据基础设施，支撑复杂的数据分析和决策支持系统。

数据集市是为了满足不同部门的特定业务需求而量身定制的。数据集市提供了灵活的数据访问和分析能力，使得各个部门能够根据自身的财务分析需求，快速获取所需要的数据支持。构建数据集市需要深入了解各部门的业务流程和数据需求，以便在数据集市中提供准确和及时的数据服务。通过数据集市，企业可以实现财务数据的个性化分析，帮助各部门制定更为精确的业务策略和财务决策，从而提高整体运营效率。

数据仓库负责企业财务数据的集中管理和存储，数据集市则是对这些数据的个性化提取和分析。通过这种分层管理模式，企业能够在保证数据一致性和安全性的同时，实现对各部门的定制化数据服务。数据仓库提供了一个统一的数据视图，数据集市则根据各部门的需求进行数据的细化和应用，从而有效地支持企业的财务共享服务。

（三）数据质量管理和数据清洗

高质量的数据能够提高分析的准确性和决策的有效性，反之，数据质量差则可能导致误导性的结论和不良的决策。因此，数据质量管理成为财务共享服务中不可或缺的一部分，它不仅强调数据的完整性和一致性，还关注数据的及时性和准确性，以确保企业在激烈的市场竞争中保持优势。

数据清洗主要包括数据去重、缺失值处理和异常值检测等。数据去重是指通过识别和删除重复数据来确保数据的唯一性和完整性。缺失值处理则涉及识别数据集中缺失的部分，并通过合理的方法进行补全，以减少分析偏差。异常值检测是识别并处理数据集中不符合正常区间的值，防止其对分析结果造成干扰。通过这些步骤，企业能够显著提高数据的质量，为后续的分析和决策奠定坚实的基础。

设定数据质量评估指标是确保财务数据准确性和可靠性的有效手段。常见的数据质量评估指标包括数据的完整性、准确性、一致性和及时性等。这些指标使得企业能够在数据管理过程中有据可循。通过定期评估这些指标，企业可以及时发现数据管理中的问题，并采取相应的措施进行处理，确保财务数据在使用过程中的可靠性和有效性。

利用自动化工具进行数据质量监控是实现实时数据质量管理与反馈的现代化手段。自动化工具能够通过预先设定的规则和算法，实时监控数据的质量，并在发现问题时立即反馈给相关人员。这种实时的监控和反馈机制，不仅提高了数据管理的效率，还降低了人为错误的可能性，使得企业能够在数据管理上做到快速响应和及时调整，从而提升整体的数据管理水平。

三、大数据在财务分析和决策中的应用

（一）基于大数据的财务分析方法和指标体系

基于大数据的财务分析方法强调实时数据处理技术的应用，以支持企业在瞬息万变的商业环境中快速作出决策。实时数据处理不仅能够提高数据的时效性，还能动态调整财务策略，使企业在应对市场变化时更加灵活。通过采用先进的数据处理技术，企业可以在财务分析中实现更高的效率和准确性，及时为

管理层提供信息支持。

建立全面的财务指标体系是企业评估财务健康状况的基础。一个全面的指标体系应涵盖流动性、盈利能力、偿债能力等多个维度。这些指标不仅能帮助企业识别当前的财务状况，还能为未来的发展提供重要的参考依据。通过大数据技术的支持，企业能够更全面地收集和分析财务数据，从而建立一个更加精细化的指标体系，确保财务分析的全面性和准确性。

数据挖掘技术在财务分析中的应用，能够帮助企业识别财务数据中的潜在趋势和模式。这种技术通过对大量历史数据的分析，提升了企业对市场变化的敏感度和预见性。企业可以通过识别数据中的异常和模式，预见可能的风险和机遇，从而在竞争激烈的市场环境中占据主动地位。数据挖掘技术的应用，使得企业在财务分析中不仅仅依赖于传统的静态数据，而是能够动态地捕捉市场的脉搏。

（二）数据可视化技术在财务分析中的应用

通过将复杂的财务数据转化为直观的图形和图表，管理层更容易理解和分析数据。这种图形化展示不仅能够简化信息传递过程，还能帮助管理层快速识别潜在问题和机会，进而优化资源配置和战略规划。数据可视化技术的应用，推动了财务分析从传统静态报表向动态、交互式分析的转变，提升了财务管理的整体效能。

通过动态仪表盘实时监控财务指标，管理层能够及时获取企业运营的最新动态。这种实时性使得企业可以迅速应对市场变化和内部异常，提升响应速度和决策准确性。动态仪表盘不仅提供了对财务数据的实时监控，还能通过预警系统提示管理层注意潜在风险和趋势，从而有效地支持企业的风险管理和战略调整。

交互式可视化工具为财务分析提供了用户自定义的分析选项，增强了财务报表的灵活性和可操作性。这些工具允许用户根据自身需求选择不同的分析维度，从而获得更为个性化和深入的分析结果。通过交互式工具，财务人员和管理层能够更好地理解数据背后的驱动因素，制定更加精准的财务策略。这种灵活性使得财务分析能够更好地适应企业的多样化需求，提升了财务管理的适应性和创新性。

数据可视化技术支持多维度分析，使财务数据的多层次关系得以清晰呈现，支持企业全面决策。通过多维度分析，企业可以从不同角度审视财务状况，揭示数据之间的复杂关系。这种分析方法不仅有助于识别财务数据中的潜在模式和趋势，还能为管理层提供全面的决策支持。多维度分析的应用，使得企业能够在不断变化的市场环境中保持竞争优势，提升整体决策的科学性和前瞻性。

通过数据可视化，企业能够更有效地传达财务信息，提升内部沟通效率和决策透明度。数据可视化技术能将复杂的数据转化为易于理解的视觉信息，使得不同部门和层级的员工都能快速获取关键信息。信息传递的高效性不仅促进了企业内部的沟通和协作，还提升了决策过程的透明度和参与度。通过数据可视化，企业可以更好地整合各方意见，形成一致的战略方向，推动企业的可持续发展。

（三）大数据驱动的财务决策支持系统

大数据驱动的财务决策支持系统能够实时整合不同来源的财务数据，提供全面的视图，帮助管理层及时作出决策。在智能时代，企业面临的数据量和复杂性不断增加，传统的财务分析方法已难以满足需求。通过大数据技术，财务决策支持系统能够快速处理海量数据，提取有价值的信息，从而为管理层提供更为准确和全面的决策依据。这种实时整合能力不仅提高了决策的速度，还增强了决策的灵活性和适应性，使企业能够在快速变化的市场环境中保持竞争优势。

通过大数据分析，财务决策支持系统可以识别财务数据中的潜在风险和机会，支持企业在动态环境中进行有效的风险管理。传统的风险管理方法往往依赖于历史数据和经验判断，大数据分析则能够通过对实时数据的深入挖掘和分析，提前识别可能的风险因素，并评估其影响。这种前瞻性的风险管理能力，使企业能够在风险发生之前采取预防措施，减少损失。同时，系统还能够识别市场中的新机遇，为企业的战略规划提供支持。这种能力的提升，使企业能够更加从容和有策略地应对发展过程中的不确定性。

四、大数据在财务预测与规划中的应用

（一）预算管理与滚动预测

大数据技术的引入，使得预算管理能够实时更新数据，动态调整预算方案，以确保其与实际业务情况相符。这种实时数据更新能力不仅提高了预算的准确

性，还使企业能够迅速响应市场变化，优化资源配置。通过大数据技术，企业能够从海量数据中提取有价值的信息，支持预算的动态调整，确保预算与企业战略目标的一致性。

滚动预测方法的实施依赖于对历史数据与市场趋势的深度分析。大数据技术具备强大的数据处理能力，使企业能够在复杂多变的市场环境中，灵活调整财务预测。这种方法不仅提升了财务预测的准确性，还增强了企业的决策能力，使其能够更好地把握市场机遇和规避潜在风险。通过滚动预测，企业可以实现持续的财务监控和调整，保持财务管理的前瞻性和灵活性。

在预算编制过程中，大数据技术能够整合不同来源的数据，支持全面的预算分析与决策。通过多源数据的整合，企业可以进行更为科学的预算编制，提高预算的合理性和可行性。大数据技术不仅提高了数据分析的深度和广度，还为企业提供了更为精准的预算方案，支持企业战略目标的实现和资源的最优配置。

基于大数据的预算绩效评估，通过建立关键绩效指标，实现预算执行效果的量化分析。大数据技术提供了强大的数据分析工具，使得企业能够对预算执行情况进行全面评估，识别预算执行中的问题和不足。这种量化分析不仅提高了预算管理的科学性，还为企业提供了改进预算执行的依据和方向，促进预算管理的持续优化。

（二）资金流预测与优化

基于大数据分析的资金流预测模型，通过对企业资金流入和流出的实时监测，大幅提升了资金管理的准确性和及时性。这一模型依赖于对海量数据的处理能力，能够快速捕捉市场变化和内部资金流动情况，从而为企业提供更为精确的资金流预测。通过这种实时监测，企业能够有效规避资金链断裂的风险，并在瞬息万变的市场环境中保持财务稳定。

资金流优化策略的制定是资金流预测的延伸，通过结合预测结果，企业可以调整资金配置，以提高资金使用效率和降低资金闲置风险。优化策略的核心在于合理分配和调度资金，使其在不同的业务单元和时间段发挥最大效益。这需要企业在制定策略时，充分考虑预测数据中的各类因素，灵活调整资金流动的方向和规模，从而实现资源的最优配置，确保企业在激烈的市场竞争中占据有利地位。

动态资金流监控系统的实施，是企业应对突发事件的有效手段之一。该系统能够实时跟踪资金流动情况，确保企业在面对突发事件时能够迅速作出反应。通过动态监控，企业可以及时识别资金流动中的异常情况，并采取相应的措施进行调整。这种实时监控不仅提高了企业的风险管理能力，还增强了其资金流动的透明度，使得企业在复杂的市场环境中能够更加从容应对各种挑战。

（三）长期财务规划的数据支持

大数据技术的应用为企业提供了更为准确和全面的数据支持，确保长期财务规划的科学性和准确性。通过对历史财务数据的深入分析，企业能够识别历史财务数据趋势和规律，从而为未来的财务决策提供参考。此外，市场趋势和行业基准的分析也为企业的长期财务规划提供了重要的背景信息，使得规划更具前瞻性和可操作性。

在长期财务规划中，基础数据来源的多样性是确保规划有效性的关键。历史财务数据提供了企业内部的财务运作情况，市场趋势和行业基准则为企业提供了外部环境的参考。结合这些信息，企业能够构建出更为全面的财务预测模型，预测不同业务场景下的资金流动和资源配置。这种基于大数据技术的财务预测，不仅提高了企业对未来财务需求的把握能力，也为企业在复杂多变的市场环境中制定有效的财务策略提供了支持。

动态财务模型的构建是实现长期财务规划灵活调整的有效手段。通过实时数据更新，企业能够及时调整其财务规划，以适应市场的变化和业务发展的需要。这种灵活性来源于大数据技术对实时数据的处理能力，使得企业能够在财务规划中引入更多的动态因素，从而提高规划的适应性和响应速度。此外，实时数据更新还能够帮助企业及时发现财务规划中的不足，并进行相应的调整，以确保财务规划的持续有效性。

五、大数据驱动的财务共享服务创新

（一）客户需求挖掘与服务个性化

在智能时代，企业通过分析客户的交易历史和行为模式，可以识别客户的潜在需求。这种分析不仅依赖于传统的财务数据，还包括非结构化数据的挖掘，如社交媒体互动和在线行为记录等。通过对这些数据的整合和分析，企业能够提供更加贴合客户需求的财务服务和解决方案。这种精准化的服务不仅提升了客户的满意度，也增强了企业的市场竞争力。

为了更好地满足客户的具体需求和偏好，企业可以基于客户反馈和满意度调查进行服务调整。通过实时收集和分析这些反馈信息，企业能够及时调整服务内容和方式。这种动态调整机制确保了服务的灵活性和适应性，使企业能够迅速适应市场变化和客户需求的转变。同时，客户反馈的分析还能帮助企业发现服务流程中的不足之处，从而进行针对性的改进，提升整体服务质量。

实施数据驱动的客户细分策略是实现服务个性化的关键步骤。企业可以根据不同客户群体的特征，设计差异化的财务服务产品。这种策略不仅提高了服务的精准度和有效性，还能帮助企业在竞争激烈的市场中找到新的增长点。通过细分客户群体，企业能够更好地理解不同客户的需求和期望，从而提供更有针对性的服务。这种差异化的服务策略，不仅能吸引新客户，还能提高现有客户的忠诚度。

建立客户关系管理系统是支持个性化营销和定制化服务的基础。通过整合客户信息，企业能够全面了解客户的历史交易、偏好和行为模式等。这种信息集成使企业能够在客户接触的每个环节提供个性化的体验。客户关系管理系统还支持企业进行精准的市场营销，帮助企业识别高价值客户并制定相应的营销策略。通过提升客户体验和忠诚度，企业能够在激烈的市场竞争中占据优势地位。

（二）财务共享服务平台的集成化设计

通过整合多种财务功能模块，这些平台提供了一站式服务，极大地简化了用户的操作流程。用户可以在一个平台上完成从预算管理到财务报表生成的所有操作。集成化设计不仅方便了用户，也为企业提供了高效的数据管理和分析工具，使得财务决策更加科学和及时。

（三）基于实时数据分析的动态定价策略

通过大数据技术实时监控市场变化，企业可以灵活调整财务服务价格，以适应客户需求和市场竞争。这种动态定价策略不仅提升了企业的市场适应能力，还增强了其盈利能力。在市场需求变化迅速的背景下，动态定价策略为企业提供了更高的灵活性和竞争优势，帮助企业在激烈的市场竞争中保持领先地位。

六、大数据在财务共享服务中的实施策略

（一）明确大数据应用的目标和需求

1. 识别各部门在财务流程中的数据需求

企业需要识别各部门在财务流程中的数据需求，以便大数据应用能够针对性地解决特定业务问题。这不仅有助于提高数据处理效率，还能增强决策的精确性和及时性，从而提高整体财务管理水平。

2. 评估现有数据基础设施的能力

企业需要确定大数据技术与现有系统的整合需求，以实现数据的无缝流动和共享。这意味着企业必须仔细审视现有的 IT 架构，识别需要升级或调整的部分，以便为大数据应用提供坚实的基础。通过整合，企业可以打破信息孤岛，实现数据的高效共享和利用，从而为财务共享服务的优化提供强有力的支持。

3. 制定大数据应用的成功标准和绩效指标

企业需要在实施大数据应用的过程中，进行持续的监控和评估，以确保应用效果符合预期目标。这些标准和指标不仅有助于企业衡量大数据应用的实际效果，还能为未来的优化和调整提供依据。通过明确的目标设定和细致的需求分析，企业能够在大数据的浪潮中占据主动，推动财务共享服务的持续改进和创新。

（二）构建大数据治理体系

大数据治理体系的构建，不仅要求企业从技术层面进行架构设计，还需要从管理层面明确各部门在数据治理中的角色和责任。通过这种方式，企业能够确保数据的质量和安全性。数据治理体系的建立需要一个清晰的框架，使得每一个参与者都能理解其在数据治理过程中担负的职责，从而形成一个高效的协作环境。这种体系的构建是保障大数据应用效果的基础。

在大数据治理中，统一的数据标准有助于确保财务数据在采集、存储和处

理过程中的一致性和可用性。企业需要在数据的生命周期中，设定明确的规范，以便在信息传递过程中，数据能够保持其完整性和准确性。通过标准化的管理，企业不仅能提高数据的使用效率，还能减少数据不一致带来的风险和损失。数据标准的制定，是企业实现财务数据高效管理的前提条件。

实施数据审计与监控机制有利于保障数据的可靠性。通过定期评估数据质量，企业能够及时发现并纠正数据问题，确保数据的准确性和完整性。数据审计不仅是对数据质量的监督，也是对数据治理体系有效性的一种检验。通过建立完善的监控机制，企业可以在数据处理的每一个环节进行追踪和评估，及时调整策略，以适应不断变化的业务需求和外部环境。数据审计与监控机制的实施，是维护数据治理体系稳定运行的重要保障。

（三）培养大数据人才队伍

1．建立系统化的人才培养体系

通过明确不同岗位所需要的技能与知识，企业能够有针对性地制订培训计划，确保人才培养的有效性和针对性。这样的体系不仅能帮助企业更好地应对技术变革带来的挑战，还能提高整体财务共享服务的效率和质量。

2．实施定期的培训与进修

培训与进修可以通过内部培训、外部课程、在线学习等形式展开，鼓励员工不断学习大数据相关技术和工具。这种持续的学习机制，不仅能帮助员工掌握最新的技术趋势，还能提升他们在实际工作中的应用能力，进而推动企业财务共享服务的创新与发展。

3．积极引入跨学科的人才

结合财务、数据科学和信息技术等领域的专业知识，能显著增强团队的综合能力与创新能力。这样的多元化人才结构，可以为企业带来新的视角和解决方案，促进财务共享服务的创新。同时，企业应建立有效的激励机制，以吸引和留存优秀的大数据人才。通过制定职业发展规划和晋升通道，企业不仅能提升员工的工作积极性和忠诚度，还能在激烈的人才竞争中占据有利地位，从而为企业的长远发展奠定坚实的人才基础。

（四）加强数据安全和隐私保护

1. 建立全面的数据安全管理体系

通过制定明确的数据安全策略和操作规范，企业能够确保财务数据在采集、存储、处理和传输等环节中的安全性。这不仅是对企业数据资产的保护，更是对企业声誉的保障。数据安全管理体系的建立与完善，要求企业在技术、管理和文化等方面共同发力，以形成牢固的安全屏障。

2. 实施数据加密技术

针对敏感的财务信息，采用加密存储和传输技术，可以有效地防止数据在传输过程中被窃取或篡改。数据加密技术的发展和应用，提升了信息在网络环境下的安全性，确保财务信息在共享服务中心和各子公司之间的流动中保持机密性和完整性。通过数据加密技术，企业不仅能保护自身的财务数据，还能提升客户和合作伙伴对其信息安全管理能力的信任。

3. 加强数据访问控制

设定严格的权限管理机制，确保只有经过授权的人员才能访问和处理财务数据，是防止数据泄露和被滥用的有效手段。通过角色分配和权限划分，企业能够实现对数据访问的精细化管理，减少人为因素造成的数据安全风险。定期进行数据安全审计与风险评估，能够帮助企业及时发现并修复潜在的安全漏洞，保障财务数据的完整性和可靠性。这一系列措施的实施，将为集团化企业财务共享服务的安全运营提供坚实保障。

第三节　区块链技术在财务共享服务中的应用

一、区块链技术概述

（一）区块链的工作原理

区块链技术的核心在于通过分布式网络中的多个参与者共同维护账本，消除对传统中介的需求。每个区块中存储了一组交易信息，并通过密码学技术保证其不可篡改性。区块通过哈希函数与前一个区块相连，从而形成一个链式结构。这种结构确保了所有交易记录的连续性和完整性，任何篡改都会被立即发现。

（二）区块链的技术特点

1．去中心化

在传统财务体系中，银行、支付机构等中介机构在交易过程中发挥着重要作用，而区块链通过点对点的网络结构，实现了直接的价值传输和信息交换。这不仅降低了交易成本，还提升了交易的安全性和透明度，使得财务共享服务更加高效和安全。

2．不可篡改性

在区块链上，每一笔交易都被记录在一个区块中，并通过加密算法与前后区块链接，形成一个不可逆的链条。任何对交易记录的修改都需要全网节点的共识，这种机制极大地增强了财务数据的可信度。在集团化企业中，这种特性尤其重要，因为财务数据的准确性和完整性直接影响到企业的决策和运营。

3．智能合约

智能合约使得合同条款的自动执行成为可能。智能合约是一种自执行的协议，预先设定的条件一旦达成，合同条款便会自动执行，无须人工干预。这种自动化的特性不仅提高了交易的效率和准确性，还减少了人为错误，降低了操作风险。在财务共享服务中，智能合约可以被用于自动化处理财务结算、应收应付款等业务，极大地提高了企业的运营效率。

4．实时审计

区块链技术提供了实时审计功能，使得各方可以随时访问交易记录。这种特性提升了财务透明度，降低了财务舞弊风险。在传统财务体系中，审计往往是事后进行的，存在信息滞后和不对称等问题。区块链技术的实时性使得审计可以与交易同时进行，极大地提高了审计的及时性和有效性，从而为集团化企业的财务管理提供强有力的支持。

二、区块链在财务共享服务中的应用场景

（一）分布式账本在财务数据管理中的应用

通过分布式账本技术，财务数据能够实现实时更新，这意味着所有参与者都可以随时访问最新的交易信息。这种实时性不仅提高了数据的时效性，还为企业的决策提供了及时而准确的数据支持。在传统的财务管理系统中，数据更新往往需要经过多重验证和传递，导致信息滞后，分布式账本则有效地解决了这一问题。

在传统财务系统中，交易往往需要通过多个中介进行验证和处理，而分布式账本技术通过直接的点对点传输，简化了这一过程，使得交易能够更快速的完成。另外，得益于分布式账本技术的透明性，各方能够实时监控和验证交易，极大地提高了审计过程的效率。在传统的审计中，信息的不透明和不对称常常导致审计成本高昂且耗时，而分布式账本技术通过其透明性，使得财务信息能够被各方实时获取和验证，从而降低财务舞弊的可能性，提升企业财务管理的整体透明度和可信度。

（二）智能合约在财务流程自动化中的应用

智能合约能够自动执行财务交易，这一特性减少了人为干预的必要性，从而提高了交易的效率和准确性。在传统财务流程中，交易的执行往往需要多方的沟通和确认，而智能合约通过其自动化的特性，在预设条件和规则满足时，能够即时生效。这不仅简化了流程，还显著降低了执行过程中的信任成本，使得合同的履行更加高效和可靠。

智能合约的应用能够有效减少财务流程中的错误和争议。由于智能合约是在区块链上运行的，其不可篡改的特性确保了合同条款的严格执行，提升了合同履行的合规性和安全性。在传统的财务管理中，合同的履行常常因人为因素而出现偏差，而智能合约通过其自动化和不可篡改的特性，避免了人为错误。这种高水平的合规性和安全性，使得智能合约在财务共享服务中得到了广泛的认可和应用。

智能合约可以与其他区块链技术集成，实现财务数据的实时更新和共享，进一步优化财务管理流程。在传统的财务管理中，数据的更新和共享往往需要

经过多个环节，导致效率低下。智能合约的引入，使得财务数据能够在不同系统和部门之间实时流动，确保信息的及时性和准确性。这种集成化的财务管理模式，为集团化企业的财务决策提供了有力的数据支持，推动了财务管理的智能化进程。

（三）区块链在财务审计和监管中的应用

通过提供透明的交易记录，区块链增强了财务审计的实时性。审计人员能够随时访问最新的财务数据，这种实时访问的能力提高了审计效率。传统的审计流程往往依赖于定期的财务报告，区块链技术的应用使得这种时间滞后的问题得以解决。审计人员不再需要等待报告的生成，可以直接从区块链上获取最新的交易信息，从而进行实时的审计分析。

利用区块链的不可篡改性，财务审计过程中的数据完整性得以保障。区块链的每一笔交易记录都经过加密和时间戳处理，无法被随意更改，这极大地降低了数据被篡改和舞弊的风险。审计人员可以确信，所审计的数据是完整而真实的，从而提升了审计结果的可信度。在传统的财务审计中，数据的真实性和完整性往往是审计人员面临的主要挑战，而区块链技术的应用有效地解决了这一问题，为审计工作提供了可靠的技术支持。

智能合约的引入进一步推动了财务审计的自动化。智能合约能够自动化执行审计程序，确保合规性检查和审计流程的高效性。通过预先设定的规则，智能合约可以自动触发审计程序，减少人工干预和潜在错误。这种方式不仅提高了效率，还降低了人为操作的风险，为企业节省了大量的人力资源和时间成本。在智能时代，智能合约的应用代表着财务审计的一种未来趋势。

在传统的审计过程中，各方的信息共享和协作往往受到限制，而区块链的应用打破了这一障碍。各方可以通过区块链独立验证交易的真实性和完整性，促进了审计过程中的信息共享与协作。这种透明化的操作不仅提升了审计的透明度，还增强了各方之间的信任，为财务审计创造了一个更加开放和协作的环境。

通过区块链技术，监管机构能够实时监控企业的财务活动。这种实时监控的能力加大了对财务合规性的监管力度。传统的监管方式往往面临信息滞后和不对称，而区块链技术的应用使得监管机构能够及时获取企业的财务动态，从而快速作出反应。与此同时，区块链技术也降低了监管成本。监管机构不再需要耗费大量的人力和时间进行数据核查，而是可以通过区块链直接获取所需的信息，这种高效的监管方式为企业和监管机构营造了双赢的局面。

三、区块链在财务共享服务中的实施步骤

（一）需求分析和可行性研究

首先，需要明确财务共享服务的具体需求，识别各部门在财务流程中的痛点和改进空间。这一过程要求管理人员对现有流程进行全面分析，以确定哪些领域最需要改进，并为后续的技术选型和系统设计提供坚实的依据。通过详细的需求分析，可以确保区块链技术能够真正解决实际问题，而不仅仅是技术上的创新。

其次，需要评估现有财务系统的技术能力，以识别与区块链技术结合的潜在领域。这一评估过程不仅关注系统的技术兼容性，还关注如何利用区块链的特性来提升财务数据的安全性和透明性。通过识别这些潜在领域，企业可以制定出更加精准和有效的实施策略，确保区块链技术的应用能够带来实质性的改进。

最后，制定明确且可量化的实施目标。目标应包括提高效率、降低成本和增强决策支持能力等方面。明确的目标不仅有助于指导项目的实施，还为后续评估实施效果提供了标准。只有目标明确，项目的进展才能被有效监控和评估，确保技术应用的成功。

（二）技术架构设计和选型

1. 选择合适的区块链架构

公有链、私有链和联盟链各有其优缺点。公有链具有去中心化和透明度高的优点，但其交易速度和隐私性可能不符合企业的需求。私有链提供了更高的隐私保护和交易速度，但其去中心化程度较低。联盟链则在隐私保护和去中心化之间取得平衡，适合多个企业间的合作。因此，企业在选择区块链架构时需要综合考虑自身的财务共享服务需求和技术特性，以便作出最优选择。

2. 智能合约的设计与实现

智能合约能够自动执行财务交易和合规检查，从而提高财务流程的效率。

在设计智能合约时，企业需要确保合约逻辑的准确性和安全性，以防止潜在的漏洞和攻击。此外，智能合约的自动执行特性要求企业在合约设计阶段充分考虑各种业务场景和异常情况，以确保在不同情况下合约能够被正确执行。通过合理设计智能合约，企业可以显著提高财务数据处理的自动化水平，减少人为干预，提高财务操作的准确性和效率。

3. 数据存储方案的确定

选择适合的分布式数据库技术，可以支持财务数据的高效管理和实时访问。区块链的分布式特性要求数据存储方案能够处理大量的财务交易数据，并提供快速的访问速度。同时，数据存储方案需要具备高可靠性和安全性，以保护财务数据的完整性和机密性。企业可以考虑使用分布式数据库技术，以满足其财务共享服务的存储需求。通过合理的数据存储方案设计，企业可以确保财务数据的高效管理和安全存储。

4. 系统集成方案的制定

企业需要制定详细的系统集成方案，以实现区块链与现有财务系统之间的数据流动的高效性和安全性。系统集成方案应包括数据接口的设计和开发等，以确保区块链系统能够与财务系统进行双向数据交互。此外，企业还需要考虑系统集成过程中可能出现的兼容性问题，并制定相应的解决方案。通过设计科学合理的系统集成方案，企业可以实现区块链技术与现有财务系统的高效整合，提升财务共享服务的整体效能。

（三）联盟链的组建和节点管理

联盟链的组建需要明确参与节点的角色与权限，这有利于确保各方在财务共享服务中的责任与义务得到清晰界定。通过明确各节点的角色，不仅能促进各方的高效合作，还能在各参与方之间建立牢固的信任关系。信任是联盟链成功运行的基石，能够有效地降低交易过程中的不确定性，从而提高财务共享服务的整体效率。

在联盟链的实施过程中，选择节点时需要综合考虑其技术能力与业务需求，确保每个节点能够有效支持区块链网络的运行与数据处理。这种选择不仅关系到单个节点的性能，还直接影响到整个区块链系统的性能与稳定性。高效的节点选择能够提升系统的响应速度和数据处理能力，从而为财务共享服务提供强有力的技术支持。

联盟链的治理机制是其顺利运作的保障。建立透明的决策流程是治理机制的核心，包括节点的加入、退出以及共识机制的制定等。透明的决策流程能够确保所有参与方的权益得到保障，增强系统的公平性与可持续性。在此基础上，节点管理需要进行定期的监控与评估，以确保每个节点的运行状态与数据一致性。通过及时发现并解决潜在问题，可以维护联盟链的高效运作和健康发展，为集团化企业的财务共享服务提供稳定可靠的技术支持。

（四）智能合约的开发和部署

在智能合约的开发过程中，选择合适的区块链编程语言是成功的基础。开发团队需要在模拟环境中进行全面测试，以验证合约逻辑的正确性与安全性。测试阶段不仅涉及功能性测试，还包括压力测试和安全漏洞检测等，以确保合约在各种情况下都能稳定运行。通过反复的测试和迭代，开发团队能够优化合约的性能，并为其上线作好充分准备。

选择合适的区块链网络进行部署需要综合考虑网络的性能、成本和安全性。制定版本控制和升级机制是必要的，以便在合约上线后能够进行灵活的维护。通过定期的版本更新，企业可以在不断变化的市场环境中保持竞争力，并确保智能合约的持续合规和高效运作。

建立智能合约的实时监控机制可以及时捕捉合约执行中的异常情况，定期审计则有助于评估合约的合规性和有效性。通过持续的监控和审计，企业能够及时发现并处理潜在问题，确保智能合约的安全性和可靠性，从而为财务共享服务的稳定运行提供坚实的基础。

（五）系统测试和上线运行

系统测试阶段需要全面覆盖功能测试、性能测试和安全测试等，确保各个功能模块能够在预期范围内高效运行且无安全漏洞。功能测试主要验证系统的各个模块是否按照设计要求正常工作，性能测试旨在评估系统在不同负载下的响应速度和处理能力，安全测试则是为了识别和修复潜在的安全漏洞，保障系统的安全性和可靠性。

用户验收测试必须在接近真实的业务环境中进行。通过收集用户反馈，企业可以验证系统是否符合实际的业务需求和用户体验。用户的反馈不仅有助于发现系统中的潜在问题，还能为后续的优化提供宝贵的建议。为了确保上线顺利，企业需要制订详细的上线计划。上线计划应包括时间安排、资源配置和责任分工等，以降低业务中断的风险。

在系统上线后，需要建立完善的监控与支持机制。这能够确保企业及时处理用户反馈和技术问题，保障系统的持续稳定运行。通过实时监控系统的运行状态，企业可以快速响应更新需求和解决可能出现的问题，从而提高用户的满意度和系统的整体效能。这一阶段的成功与否，直接影响到区块链技术在财务共享服务中的应用效果与长期价值。

（六）运维管理和优化升级

1. 建立专业的运维管理团队

运维管理团队负责日常系统监控、故障处理和用户支持等，确保财务共享服务系统的稳定运行。通过系统化的监控手段，团队能够及时识别并解决系统运行中可能出现的问题，确保服务的连续性和可靠性。

2. 定期进行系统性能评估

通过对关键性能指标的监测，可以实时掌握系统的运行状态，及时发现潜在的性能瓶颈并采取相应措施加以解决。这一过程不仅有助于确保系统的高效运行，还能为未来的优化提供数据支持。

3. 实施版本管理和更新策略

随着业务需求的变化和技术的不断进步，需要及时升级系统和智能合约。这不仅能够确保系统的安全性和效率，还能使企业在技术创新的浪潮中保持敏感性和适应性。通过合理的版本管理，企业可以有效降低系统更新带来的风险，确保业务的连续性和稳定性。

4. 建立用户反馈机制

通过定期收集用户在使用过程中的意见和建议，企业可以不断优化系统功能，提升用户体验，从而提高整体服务质量。这一过程不仅有助于满足用户的实际需求，还能增强用户对财务共享服务的信任和依赖，为企业创造更大的价值。

第四章　集团化企业财务共享服务的信息系统建设

第一节　集团化企业财务共享服务信息系统的选型与实施

一、系统选型的考虑因素

（一）企业需求与系统功能匹配度

1. 企业财务管理目标的明确界定

只有在清晰地了解企业财务管理目标的基础上，才能确保所选择的系统功能能够有效支持目标的实现。财务管理目标往往涉及提高财务透明度、增强财务数据的准确性和及时性、优化资金使用效率等方面。因此，企业在系统选型过程中，应详细评估系统的功能模块，确保其能够满足多样化的管理目标。

2. 评估现有财务流程与新系统的兼容性

企业应详细分析现有的财务操作流程，识别其中的关键环节和可能的瓶颈。新系统不仅需要与现有流程无缝集成，还应具备优化流程和提高效率的能力。通过对流程的深入分析，企业可以识别需要改进的领域，并选择能够提供相应解决方案的系统。

3. 不同部门的特定需求

企业内各部门在财务管理上可能有不同的重点和要求，如销售部门可能更关注收入确认和应收账款管理，采购部门则更注重成本控制和供应商付款。因此，系统功能需要具备高度的灵活性和定制化能力，以满足各部门的个性化需求，确保系统在企业内部的广泛适用性。

4. 系统的可扩展性

企业在发展过程中，其业务规模和复杂性可能会发生变化，因此所选系统需要具备良好的扩展能力，以支持企业未来的发展需求。系统的可扩展性不仅体现为功能模块的增加，还包括支持更多用户访问和更大数据量存储的能力，这对于企业的长远发展至关重要。

5. 系统的用户友好性

用户友好性直接影响财务人员对新系统的接受度和使用效率。一个易于操作、界面直观的系统能够帮助财务人员快速上手，减少培训时间和成本，并提高日常工作的效率。因此，企业在考察系统时，应关注其用户界面的设计和操作流程的简便性，确保系统能够为财务人员提供良好的使用体验。

（二）系统的稳定性与可靠性

系统应具备高可用性，这意味着在发生故障时能够迅速恢复，确保财务数据和服务的连续性。这种高可用性不仅要求系统在硬件和软件层面具备快速恢复能力，还需要在设计阶段就融入冗余机制，以便在单点故障发生时，系统能够自动切换至备用资源，保障业务的持续运行。

为了确保系统能够在高负载情况下稳定运行，需要定期实施系统性能测试。这些测试可以帮助企业评估系统在实际业务高峰期的响应能力和稳定性，确保其能够满足业务需求。通过模拟真实的业务场景，测试可以揭示系统潜在的瓶颈，进而指导系统的优化，确保其在各种复杂环境下依然能够提供稳定的服务。

建立完善的备份与恢复机制是保证系统可靠性的有效环节。备份机制应当涵盖所有关键财务数据，并定期进行验证以确保备份数据的完整性和可用性。在发生数据丢失或损坏时，快速恢复到正常运营状态是降低潜在财务风险的关键。企业应制订详细的数据恢复计划，并定期进行演练，以确保在紧急情况下能够迅速响应，最大限度地减少业务中断带来的影响。

在信息安全方面，引入多层次的安全防护措施可以有效地保障系统的稳定性和可靠性。这些措施包括防火墙、入侵检测系统、数据加密等，以确保系统在面对外部攻击和内部威胁时能够保持数据的完整性和保密性。安全防护不仅需要应用技术手段，更需要企业在管理和流程上进行全面的规划和落实，以确保安全策略能够得到有效执行。

选择经过市场验证的成熟技术平台是提高系统可靠性的有效策略。成熟的技术平台通常经过大量应用场景的检验，能够提供稳定的性能和丰富的功能支持，降低因技术不成熟导致的故障风险。这不仅有助于企业在系统选型阶段作出明智的决策，还能在实施过程中减少技术不确定性带来的挑战，确保财务共享服务系统的顺利运行。

（三）供应商的实力与信誉

1. 供应商在财务共享服务领域的行业经验和专业知识

评估供应商在财务共享服务领域的经验和知识储备，能够帮助企业确保所选择的解决方案能够切实满足其特定的业务需求。供应商丰富的经验和深厚的专业知识是企业在实施财务共享服务系统时获得成功的关键保障。

2. 供应商的技术支持能力

技术支持能力不仅体现在售后服务的响应速度和质量上，还包括系统的日常维护和定期更新能力。一个具备强大技术支持能力的供应商，能够为企业提供持续的系统维护和更新服务，从而确保系统在长期运行中的稳定性和安全性。这种技术支持能力是企业在快速变化的商业环境中保持竞争优势的重要保障。

3. 供应商的财务状况和盈利能力

财务状况良好、盈利能力强的供应商，通常具备足够的资源和实力来支持系统的开发与实施。这样的供应商能够提供更为稳定和可靠的服务，减少企业在系统实施过程中可能遇到的不确定因素。此外，供应商的财务健康状况也从侧面反映了其市场竞争力和长期发展潜力。

4. 供应商的合规性与认证情况

供应商是否遵守行业标准和法规，不仅关系到系统的合法合规性，也直接影响到企业的法律风险管控。选择一个合规性强、拥有相关认证的供应商，能够帮助企业在系统实施过程中降低潜在的法律风险，确保业务的顺利开展和持续发展。综上所述，供应商的实力与信誉是系统选型中不可或缺的考虑因素，直接关系到财务共享服务系统的成功实施和长期稳定运行。

二、市场上主要的财务共享服务信息系统产品

（一）产品特点

1. 高度集成性

财务共享服务信息系统能够将各个财务模块和业务系统无缝连接，实现数据的实时流动与共享。这种集成性不仅提高了信息传递的效率，还减少了因信息孤岛导致的沟通障碍。通过集成不同的财务模块，企业能够实现从财务数据采集到分析的全流程自动化，显著提高了财务管理的效率。此外，这种集成性还支持跨部门、跨业务的协同工作，为企业提供一体化的财务管理解决方案。

2. 支持多种财务管理功能

财务共享服务信息系统通常支持多种财务管理功能，如总账管理、资金管理和成本费用管理等。功能模块的多样性使得系统能够满足集团化企业复杂多变的财务需求。总账管理模块可以帮助企业实现财务数据的集中管理和分析，资金管理模块确保了企业资金流动的高效性和安全性，成本费用管理模块则为企业提供了精细化的成本控制手段。这些功能的结合，使得企业能够在财务管理上做到全面覆盖和细致入微。

3. 智能化的分析与预测功能

通过大数据和人工智能技术，财务共享服务信息系统能够帮助企业实时监控财务状况，并提供科学的决策支持。系统可以通过对海量财务数据的分析，识别潜在的财务风险和机会，从而帮助企业制定更为精准的财务策略。这种智能化功能不仅提升了企业的财务管理水平，也为企业在激烈的市场竞争中提供了有力的支持。

4. 灵活的权限管理与安全控制机制

为了确保财务数据的安全性和合规性，财务共享服务信息系统提供了多层次的权限管理功能，确保只有被授权人员才能访问特定的财务数据。这不仅降低了财务信息泄露的风险，也为企业的财务数据提供了强有力的保护。同时，

系统的安全控制机制能够满足不同国家和地区的合规要求，帮助企业在不同的法律环境中顺利运营。

（二）适用场景

市场上主要的财务共享服务信息系统产品能够满足不同企业的需求。在大型跨国企业的财务管理方面，这些系统能够处理多币种和多语言的财务数据，满足全球业务的需求。跨国企业通常面临复杂的财务环境，涉及不同国家的法律法规和财务标准，这要求信息系统具备强大的数据处理能力和灵活的适应性，以便在全球范围内实现财务数据的统一管理和分析。

快速变化的行业，如科技和互联网企业等，对财务信息系统的需求尤为迫切。这些企业需要实时监控财务状况，以便在瞬息万变的市场环境中快速调整决策。信息系统的实时数据处理和分析功能，能够帮助企业及时获取财务信息，识别潜在风险和机遇，从而优化资源配置和战略决策。这种敏捷性对于保持竞争优势至关重要，尤其是在市场竞争激烈的行业中，快速反应能力往往决定了企业的成败。

就需要高效合规管理的企业而言，信息系统产品提供的自动化审计和合规功能，能够显著降低合规风险。随着全球化进程的加快，企业面临的合规要求日益严格，而财务信息系统可以通过内置的合规模块，自动监控和报告财务活动，确保企业遵守相关法规。这不仅降低了企业因不合规行为而面临的法律风险，还提高了企业的信誉和市场形象，使其在国际市场上更具竞争力。通过这些适用场景的分析，可以看出，选择合适的信息系统产品，对于集团化企业的财务共享服务的成功实施尤为重要。

三、项目实施计划的制订

（一）明确项目实施的总体目标与阶段划分

1. 明确项目实施的总体目标

项目实施的总体目标应当包括提高财务管理效率、实现数据共享与决策支持等。这些目标不仅反映了企业在智能时代对财务管理的要求，也为项目的各个阶段提供了明确的方向。通过设定具体的绩效指标，企业能够在项目实施过程中进行有效的监控和调整，以确保最终成果符合预期。项目实施计划的制订需要综合考虑企业的战略目标、现有资源以及技术条件等，从而确保其具有可行性。

2. 划分项目实施的阶段性目标

每个阶段应设定具体的任务和预期成果，以确保项目按计划推进。阶段性目标的划分不仅有助于项目的精细化管理，还能使项目团队清晰了解每个阶段的重点和难点。通过阶段性目标的设定，企业可以在项目实施过程中进行阶段性评估，及时发现问题并进行调整，从而提高项目的成功率。此外，阶段性目标的设定还能够激励项目团队，增强团队的凝聚力和执行力。

3. 确定项目实施的关键绩效指标

通过设定明确的关键绩效指标，企业能够在各阶段对项目的实施效果进行量化评估。这不仅有助于及时发现项目实施过程中存在的问题，还能为项目的后续调整提供依据。关键绩效指标的设定需要结合企业的实际情况和项目的具体目标，确保其能够真实反映项目的实施效果。

（二）制定详细的项目实施计划时间表

1. 对整个项目的生命周期进行全面的规划

制定详细的项目实施计划时间表有助于项目团队协调各项活动，合理分配资源，并预见可能的风险。通过设定明确的时间节点，项目管理者能够有效地监控项目进展，及时调整策略以应对变化的环境和需求。这一过程需要细致的计划和各方的协同合作，以确保项目的顺利实施。

2. 明确关键任务

通过需求调研，项目团队可以深入了解企业的实际需求，准确设定项目目标。现有系统的评估则有助于识别现有系统的不足和改进空间，从而为新系统的设计提供参考。同时，目标设定也需要结合企业的战略方向，确保项目能够为企业创造价值。这一阶段的工作需要与企业的各个部门密切合作，以确保信息的准确性和全面性。

3. 项目实施阶段的里程碑设定

每一个里程碑都代表着项目的一个重要节点，明确各阶段的完成标准和验收条件，有助于项目团队和相关方对项目进展有清晰的认识。通过设定明确的验收条件，各方能够在每个阶段结束时进行评估，确保项目按期推进。这一过程不仅有助于项目的跟踪和管理，也为项目的成功实施奠定了基础。

4. 系统测试与培训的时间安排

通过严格的测试，能够发现并解决系统中的潜在问题。培训则是确保相关人员能够熟练掌握新系统操作的重要环节。通过合理安排测试与培训时间，项目团队能够确保系统在上线前达到最佳状态，并确保用户能够顺利过渡到新系统的使用。

（三）分配资源与组建项目实施团队

1. 明确项目实施团队的角色与职责

只有每个团队成员都清楚自己的任务和目标，才能在工作中各司其职、协同合作。通过这种方式，团队可以在复杂的项目环境中保持高效运作，确保在既定的时间框架内完成各项任务。

2. 形成跨部门协作团队

根据项目需求，合理配置财务、IT和业务部门的专业人员，形成跨部门协作团队，是实现信息共享与沟通的有效途径。跨部门团队能够充分利用各自的专业知识和经验，促进信息在不同部门之间的流动。这种协作模式不仅可以提升团队的整体能力，还能在系统实施过程中减少信息孤岛，确保项目各个环节无缝衔接。通过这种方式，不同部门的专业人员能够在统一的目标下协同工作，推动项目顺利实施。

3. 制订团队培训计划

通过系统化的培训，团队成员可以更好地掌握新系统的功能和操作方法，从而在实际工作中发挥出色的表现。培训计划应根据团队成员的不同背景和需求量身定制，以确保每个人都能在培训中获得所需要的知识和技能。这不仅能提高团队的整体素质，还能为系统的顺利上线提供有力保障。

4．设立项目管理办公室

项目管理办公室负责项目进度监控、资源协调与风险管理，确保项目按计划推进。在项目实施过程中，项目管理办公室可以通过实时监控项目进展，及时发现并解决潜在问题。此外，项目管理办公室还可以协调各部门资源，确保项目资源的合理分配，避免资源浪费或短缺。同时，通过有效的风险管理，项目管理办公室能够提前识别项目中可能出现的风险，并及时制定应对措施，确保项目的顺利推进。

5．建立定期的项目进展会议机制

建立定期的项目进展会议机制，可以有效促进团队成员之间的反馈与沟通。在这些会议中，团队成员可以分享项目进展情况，讨论遇到的问题，并寻求解决方案。通过这种机制，团队可以及时调整项目实施策略，确保项目始终朝着既定目标前进。此外，定期会议还可以增强团队的凝聚力，促进团队成员之间的相互理解与合作，为项目的成功实施提供有力支持。

四、系统配置与定制化开发

（一）根据企业需求进行系统配置

1．确定系统配置的核心功能模块

通过识别企业的特定业务需求和操作流程，系统配置能够实现对财务管理活动的有效支持。核心功能模块的选择不仅影响系统的基础架构，还直接关系到系统的实际应用效果。因此，企业在进行系统配置时，应全面评估财务管理的各个方面，以确保所选功能模块能够满足企业当前及未来的业务需求。

2．灵活的权限管理机制

根据员工的角色和职责，配置相应的数据访问和操作权限，可以有效防止未经授权的访问和操作，从而保护企业的财务数据安全。权限管理机制的设计应考虑到企业内部的组织结构和业务流程，确保各级员工能够在权限范围内高效地执行其职责。这种机制不仅维护了数据的完整性和保密性，还能在一定程度上提高工作效率。

3. 优化数据输入和输出格式

通过合理设计数据输入界面和报表生成模板，可以提高数据录入的效率和报表生成的准确性。这样一来，财务人员能够更专注于数据分析和决策支持，而非耗费大量时间在数据处理上。优化的数据结构设计不仅提升了系统的操作便捷性，也为决策层提供了更加及时和准确的信息支持。

4. 设置系统的可扩展性选项

随着企业的成长和业务的扩展，财务共享服务系统可能需要进行功能升级和业务模块的增加。通过预留可扩展性选项，企业能够在不影响现有系统稳定性的情况下，灵活地进行系统升级和功能拓展。这种前瞻性的配置不仅节省了未来的改造成本，也为企业的长远发展提供了技术保障。

（二）针对特定需求进行定制化开发

企业在信息系统选型与实施过程中，需要根据行业特点进行财务模块的定制。这不仅是为了满足行业合规要求，还为了适应特殊的财务处理流程。对于不同行业，财务合规和处理流程存在显著差异，因此，系统的定制化开发必须深入理解行业的独特需求，以确保系统的有效性和合规性。

针对不同业务部门的需求，开发个性化报表模板。这些模板不仅能支持各部门的决策分析，还能促进绩效评估。由于各部门的运作模式和关注点不同，标准化的报表模板往往无法满足所有需求。因此，开发个性化的报表模板，可以为各部门提供更具针对性的数据支持，帮助其作出更准确的决策，进而提高整体的运营效率。

结合企业的IT基础设施进行系统接口的定制开发，是实现与现有业务系统无缝对接的必要步骤。企业的IT环境通常由多种异构系统组成，这些系统之间的互联互通是财务共享服务顺利运行的基础。通过定制开发系统接口，可以确保新系统与现有系统的有效集成，避免信息孤岛现象，提升数据流转的效率和准确性。

在财务共享服务中心的运营中，工作流管理工具的定制化开发有助于优化审批流程，提高工作效率。财务共享服务中心通常需要处理大量的审批事务，传统的审批流程存在效率低下的问题。通过定制化开发工作流管理工具，可以简化和自动化审批流程，使审批过程更加高效、透明，进而提高整个财务共享服务中心的运营效率。

（三）确保系统满足企业实际运营需要

系统应具备灵活的配置选项，这样才能根据企业的特定需求进行调整。不同部门的操作流程各异，灵活的系统配置能够确保每个部门的需求都被满足，从而提高整体的运营效率。系统的灵活性不仅体现在配置选项上，还应在功能模块的定制化开发中得到体现，以便更好地支持企业的动态发展。

通过收集用户反馈的信息，企业可以及时对系统进行优化与调整。这种持续的评估机制能够帮助企业识别系统使用中的问题和不足之处，从而进行针对性的改进。这不仅提高了系统的用户满意度，也确保了财务共享服务系统在快速变化的商业环境中保持其有效性和竞争力。

系统需要能够快速响应业务需求，支持实时的数据分析与报告生成。这样的能力不仅能够提高企业的决策效率，还能在很大程度上提高企业的市场响应速度。实时的数据处理能力使得企业能够在瞬息万变的市场环境中作出迅速而准确的决策，持续保持竞争优势。

系统的成功实施离不开完善的培训与支持机制。确保财务人员和相关用户能够充分理解和使用系统功能是提高操作熟练度的关键。通过系统化的培训，用户可以更快地适应新系统的操作流程，减少因不熟悉系统而造成的操作失误。同时，持续的技术支持也为用户提供了在使用过程中解决问题的保障，确保系统的平稳运行。

五、数据迁移与测试验证

（一）制定数据迁移方案并执行迁移操作

1. 制订详细的数据迁移计划

数据迁移计划应明确迁移的目标、范围和时间表，以确保各项任务能够有序进行，并减少对企业日常运营的干扰。通过制订细致的计划，可以有效地协调不同部门和团队的工作，确保资源的合理分配和使用，进而提高迁移的效率和成功率。

2. 评估现有数据质量

通过对数据的全面评估，可以识别需要清理或转换的数据，确保迁移后的数据在准确性和完整性上符合预期标准。数据质量的评估不仅包括对数据格式和结构的检查，还涉及对数据逻辑一致性的验证。这一过程有助于提前发现潜在问题，避免在迁移后出现数据错误或丢失的情况。

3. 选择合适的数据迁移工具和技术

在工具和技术的选择上，需要考虑其是否能够支持数据格式的转换和大规模数据传输的需求。现代数据迁移工具通常具备自动化和智能化的特性，能够在提高迁移效率的同时降低人为错误的风险。通过合理的工具选择，可以确保迁移过程的顺利进行，并为后续的数据管理奠定坚实基础。

（二）对迁移后的数据进行完整性检查与验证

迁移后的数据完整性检查，需要逐条核对每一条记录，以确保其在新系统中的准确性与完整性。这一过程不仅是对数据迁移质量的检验，也是对新系统运行稳定性的保障。通过逐条核对，能够及时发现数据迁移中可能出现的遗漏或错误，进而采取措施进行修正。此过程需要细致入微的操作和高度的责任心，以确保最终的数据质量能够满足企业的业务需求。

为提高数据检查的效率和准确性，企业通常会借助数据比对工具，自动化地检查迁移前后数据的一致性。这些工具能够快速识别并纠正数据迁移过程中产生的差异，减少人工检查的工作量和降低出错率。通过自动化工具，不仅可以大幅度提升数据核对的速度，还能提高数据检查的精确度，为后续的数据应用奠定坚实基础。这种技术手段的应用，体现了现代信息系统建设中对工具化和智能化的要求，有助于企业在数据管理上的持续优化。

在数据迁移完成后，实施数据验证流程是确保数据符合预设业务规则和逻辑关系的必要步骤。数据验证流程包括对数据格式、数值范围、关联关系等方面的检查，以确保迁移后的数据能够支持企业的日常运营和决策制定。通过严格的数据验证，可以发现并修正潜在的数据质量问题，防止其在系统上线后影响业务的正常开展。同时，数据验证也为企业提供了一次全面审视数据质量和业务逻辑的机会。

（三）进行系统测试以确保功能正常且性能稳定

1. 功能性测试

功能性测试旨在确保所有模块和功能均按照设计要求正常运行。核心模块如总账管理、资金管理、成本费用管理等，必须在测试中被严格验证，以确保其功能的完整性和准确性。这些模块的正常运作是企业财务共享服务高效运转的基础，任何功能性的偏差都可能导致企业财务管理的混乱和决策失误。因此，功能性测试不仅能验证系统设计的正确性，更是保障企业财务信息准确性的关键步骤。

2. 性能测试

性能测试主要用于评估系统在高负载情况下的响应时间和处理能力。对集团化企业而言，财务共享服务系统需要处理大量的财务数据和复杂的业务流程，系统性能的优劣直接影响到企业的日常运营效率。通过性能测试，可以识别系统在高负载环境下的瓶颈，确保系统能够在企业业务高峰期依然保持稳定的运行状态。性能测试的结果不仅能帮助优化系统架构，还为未来系统的扩展提供了重要的参考依据。

3. 安全测试

安全测试的目的是检查系统的安全性与数据保护措施，确保财务数据在存储和传输过程中的安全性与完整性。财务数据的泄露或篡改可能对企业造成无法估量的损失，因此，必须通过严格的安全测试来验证系统的防护能力。安全测试包括对系统漏洞的扫描、权限管理的检查以及数据加密措施的验证，确保系统能够抵御潜在的安全威胁，保护企业的财务信息资产。

4. 用户验收测试

用户验收测试旨在邀请实际用户参与测试，收集反馈以确保系统的易用性和符合用户的实际操作需求。用户验收测试不仅是对系统功能的检验，更是对用户体验的评估。通过用户的实际操作，可以发现系统在真实使用场景中的问题和不足，从而进行针对性的改进。用户验收测试的成功与否，直接关系到系统能否被用户接受和使用，是系统上线前的最后一道关卡。

5. 建立测试报告机制

测试报告机制不仅能记录和分析测试结果，还能及时发现并修复系统中的问题。这一机制的建立有助于形成系统测试的闭环管理，通过对测试结果的持续跟踪和分析，企业可以不断优化系统性能和用户体验，确保财务共享服务系统在企业运营中发挥出最大效能。

六、上线培训与切换运行

（一）组织用户进行系统操作培训

组织用户进行系统操作培训，旨在确保用户能够熟练掌握新系统的使用方法，从而有效支持企业的财务共享服务。为实现这一目标，需要制订详细的培训计划。培训计划应明确培训的目标、详细的内容和时间安排，以确保培训的系统性和全面性。通过精心制订的培训计划，能够有效帮助用户掌握系统操作的核心技能，并为系统的顺利上线奠定坚实基础。

为了适应不同用户的学习需求和习惯，需要采用多样化的培训方式。面对面培训可以提供直接的交流机会，便于用户即时提问和获得反馈；在线课程突破了时间和空间的限制，方便用户灵活安排学习时间；实操演练则通过模拟真实操作场景，增强用户的实际操作能力。这种多样化的培训方式，能够充分调动用户的学习积极性，增强培训效果。通过结合多种培训方式，企业可以更好地满足不同层次用户的学习需求，从而提升整体培训质量。

提供系统操作手册和视频教程作为用户培训的补充材料，可以整体提升培训效果。系统操作手册和视频教程可以作为用户在培训后的参考资料，方便用户随时查阅和复习。尤其是在用户遇到问题时，这些材料可以提供及时的帮助，减少对培训人员的依赖。同时，完善的培训资料还能提高用户的自学能力，帮助他们在实际操作中不断巩固和提升技能。通过这种方式，企业可以保证用户在培训后仍然能够持续学习和进步。

为了确保培训的有效性，设立培训后的评估机制是必要的。通过测试和反馈，可以收集用户对培训内容的理解程度，识别培训中的不足之处，并及时调整培训策略。评估机制不仅有助于提升培训质量，还能帮助企业了解用户的学习进度和掌握情况，为后续的系统优化提供数据支持。此外，通过评估机制，企业可以激励用户认真参与培训，提高他们的学习动力和责任感。

此外，为了增强培训的有效性，需要鼓励用户在培训过程中提出问题和建议，建立良好的互动氛围。通过积极的互动，用户可以更深入地理解培训内容，同时也能为企业提供宝贵的反馈信息。这种互动不仅提高了用户的参与感，还能帮助企业不断优化培训内容和方式。通过鼓励用户参与，企业可以构建一个开放的学习环境，促进用户之间的交流和经验分享，从而提升整体培训效果和用户满意度。

（二）制订系统切换计划与应急预案

1. 系统切换计划的制订

系统切换计划的制订需要考虑到各个阶段的具体时间节点和责任人，以确保切换过程的有序进行。详细的时间表不仅能帮助团队明确任务，还能为各部门协调提供框架，避免因沟通不畅而导致的延误。责任人的明确能够确保在切换过程中，每一个环节都有专人负责，从而提高执行效率和责任感。

2. 建立切换前的系统备份机制

在系统切换过程中，数据的完整性和安全性是企业最为关注的问题之一。通过完善的备份机制，可以确保在出现任何问题时，能够迅速恢复到切换前的状态，最大限度地减少对企业业务的影响。切换前的系统备份机制不仅是对数据安全的保障，更是对企业业务连续性的承诺，避免因系统问题导致的业务中断。

3. 切换后的支持团队设置

支持团队需要提供实时的技术支持和问题解决方案，确保用户在切换初期能够顺利使用新系统。这不仅要求团队具备扎实的技术能力，还需要有良好的沟通技巧，以便快速响应用户的问题和需求。支持团队的有效运作，可以极大地提高用户对新系统的满意度和使用效率。

4. 设计应急预案

设计应急预案是为了应对可能出现的系统故障或数据迁移问题。应急预案需要详细考虑各种可能的突发情况，并制定相应的应对措施。通过模拟演练和风险评估，可以在实际问题发生时迅速采取行动，从而降低其对业务的影响。应急预案的存在，不仅是对潜在风险的防范，更是企业管理能力和应对突发事件能力的体现。

第二节　集团化企业财务共享服务信息系统的运行与维护

一、系统日常运行管理

（一）监控系统运行状态与性能指标

1．建立实时监控系统

通过建立实时监控系统，企业能够定期收集和分析财务共享服务系统的运行数据。这一过程不仅保证了系统性能的稳定性，还能预防潜在问题的发生。实时监控系统的核心在于其能够持续追踪系统的状态，并提供关于系统健康的即时反馈。通过这种方式，企业可以迅速响应任何异常情况，确保财务共享服务的连续性和可靠性。

2．设定关键性能指标

关键性能指标包括系统响应时间、数据处理速度和用户访问量等，能够全面反映系统的运行状况。通过对这些指标的监控，企业可以准确识别系统性能的瓶颈，并根据实际情况对其进行调整和优化。关键绩效指标的设定不仅为系统性能的评估提供了标准，也为企业的决策提供了数据支持。通过不断优化这些指标，企业可以提升财务共享服务的效率和用户满意度。

3．实施异常监测机制

通过实施异常监测机制，企业可以及时识别系统故障或性能下降等异常情况，并及时采取纠正措施以减少其对业务的影响。这一过程涉及对系统运行环境的全面监测，包括硬件和软件的状态。在发现异常时，系统能够自动触发警报，并指导技术团队采取相应的修复措施。这种主动的监测和应对机制，有助于降低系统停机时间，保障企业财务共享服务的连续性和可靠性。

4. 定期进行系统健康检查

定期进行系统健康检查过程包括对硬件设备的检查和软件更新，以确保系统能够在最佳状态下运行。通过定期的检查，企业可以提前发现潜在的故障隐患，并进行预防性维护。这不仅延长了系统的使用寿命，也提升了系统的安全性和稳定性。系统健康检查的结果为企业提供了关于系统资源使用情况的详细报告，有助于企业在未来的系统规划和资源配置中作出更明智的决策。

（二）处理日常用户请求与问题反馈

1. 建立高效的问题反馈机制

用户在使用系统过程中，难免会遇到各种问题，因此需要建立高效的问题反馈机制。通过这一机制，用户能够快速提交问题并获得及时响应，从而减少因问题未能及时解决而导致的工作中断或效率降低。高效的问题反馈机制不仅能提高用户体验，还能为系统的持续优化提供重要的数据支持。

2. 定期汇总用户反馈

通过对用户反馈的问题进行系统性分析，企业可以识别系统中存在的共性问题，并据此进行针对性的系统优化和功能改进。这一过程不仅有助于提升系统的稳定性和易用性，还能增强用户对系统的信任感和依赖度。分析反馈数据时，可以通过分类、统计等方法，找出问题的高发区域和原因，从而为后续的改进提供科学依据。

3. 设立专门的支持团队

专门的支持团队负责接收和处理用户的各种请求，提供及时的技术支持和指导。支持团队的专业性和响应速度直接影响到用户的满意度，因此团队成员需要具备扎实的技术背景和良好的沟通能力。在处理用户请求时，支持团队应注重沟通的有效性，确保用户的问题得到充分理解，并能在最短时间内提供有效的解决方案。

4. 开发自助服务平台

自助服务平台可以提供常见问题解答和操作指南，帮助用户在遇到问题时快速找到解决方案。通过这种方式，用户可以在无须等待支持团队响应的情况下，自主解决部分常见问题，从而提高工作效率。自助服务平台的设计应注重提升用户体验感，确保信息的易查找性和易理解性，以便用户能够顺利使用。

5. 实施用户满意度调查

通过定期的满意度调查，企业可以了解用户对系统支持的真实感受和期望，从而发现服务中的不足之处。根据调查结果，企业可以针对性地调整和改进服务策略，从而不断提升服务质量。用户满意度的提升不仅有助于增强用户忠诚度，还能为企业带来更大的品牌价值和市场竞争力。

（三）定期进行系统备份与恢复测试

1. 系统备份策略的制定

系统备份策略的制定需要明确备份的频率和数据范围，以确保所有关键财务数据的完整性与可恢复性。这不仅可以应对突发事件导致的数据丢失，还为企业的信息化管理提供了稳定的基础。通过科学合理的备份策略，企业可以降低因数据丢失带来的风险，确保财务数据的安全性。

2. 增量备份与全量备份相结合的策略

增量备份与全量备份相结合的策略可以有效提高备份效率。这种方法在节省存储空间的同时，降低了备份的时间成本。全量备份是对所有数据进行完整的备份，而增量备份则仅针对自上次备份以来发生改变的数据进行备份。这种组合策略不仅提升了备份操作的灵活性，还在一定程度上减少了对系统资源的占用，为企业的信息系统管理提供了更为经济高效的解决方案。

3. 定期进行恢复测试

通过模拟数据丢失后的恢复过程，企业可以检验备份数据的完整性和恢复过程的有效性。这一过程不仅能发现潜在的备份漏洞，还能确保在数据丢失时能够快速恢复业务运行，最大限度地减少因数据丢失带来的业务中断和经济损失。另外，恢复测试的结果还为企业优化备份策略提供了重要参考。

4. 建立备份数据的安全存储机制

企业应采取加密存储、异地备份等措施，确保备份数据的安全性。在备份过程中，数据的保密性与完整性是重中之重，任何信息泄露或损坏都可能给企业带来不可估量的损失。因此，安全存储机制的建立是企业信息安全管理的重要组成部分。

5. 记录备份与恢复过程中的关键操作和结果

通过形成详细的文档，企业可以为后续的审计工作提供必要的证据，同时也为优化备份策略提供了基础数据支持。这些记录不仅有助于发现备份管理中的不足之处，还为企业在应对未来出现类似问题时提供了宝贵的经验。文档化的备份与恢复过程是企业信息系统管理规范化的重要体现。

二、数据安全与保密管理

（一）建立数据安全管理制度与规范

1. 制定详细的数据分类和分级标准

企业应制定详细的数据分类和分级标准，明确不同类型数据的安全保护级别和处理要求。这不仅有助于企业在数据处理过程中分清轻重缓急，还能有效规避因数据分类不当而导致的安全隐患。此外，数据分类和分级还为后续的安全措施提供了明确的指引，确保企业在信息化管理中具备更高级别的安全保障。

2. 建立访问控制机制

访问控制机制的核心在于确保只有被授权的人员能够访问敏感财务数据，从而大幅度降低数据泄露的风险。通过设置严格的权限管理和访问记录，企业可以实现对数据访问的实时监控和审计，及时发现并阻止任何未经授权的访问行为。这一机制不仅能保护企业的财务数据免受外部攻击，还能防范内部人员的违规操作，维护企业信息系统的安全稳定。

3. 定期进行数据安全审计

通过安全审计，企业能够识别潜在的安全漏洞和风险点，及时采取相应的补救措施。这一过程不仅能帮助企业完善现有的安全管理制度，还能提高企业对安全风险的预判和应对能力。安全审计的结果可以为企业提供重要的决策支持，指导企业在信息系统建设中不断优化数据安全策略，从而确保财务共享服务的安全运行。

4. 开展员工数据安全培训

通过系统化的培训，员工可以更好地理解和遵循企业的数据安全管理制度，减少因人为因素导致的数据安全事件。培训内容应涵盖数据安全的基本原则、常见的安全威胁以及应对措施等，帮助员工在日常工作中养成良好的安全习惯。只有全员参与，企业才能真正建立一道牢固的安全防线，保障财务数据的安全和企业的长远发展。

（二）采用加密技术保护敏感数据传输与存储安全

加密技术通过将明文数据转换为密文，确保未经授权的用户无法读取或篡改数据，从而有效保障数据的机密性和完整性。尤其是在财务数据处理过程中，敏感信息的泄露可能导致严重的经济损失和声誉损害。因此，企业必须重视加密技术的应用，以提升信息系统的安全防护能力。

1. 采用强加密算法对敏感数据进行加密

强加密算法具有较高的计算复杂度，通常难以被破解，能够有效阻止恶意攻击者的入侵。通过对数据进行加密处理，企业可以确保即使在数据泄露的情况下，攻击者也无法轻易获取有价值的信息。这对于保护财务数据的安全性至关重要，能够有效地降低数据泄露的风险。

2. 实施端到端加密技术

端到端加密确保数据从发送端到接收端的整个过程都处于加密状态，任何中间节点都无法获取数据的明文信息。这一技术在数据传输过程中提供了额外的安全层，防止数据在传输中被截获或篡改。对集团化企业而言，端到端加密技术不仅保护了财务数据的隐私，还增强了客户和合作伙伴对企业信息安全的信心。

3. 定期更新加密技术和协议

随着技术的进步，攻击者的手段也在不断更新，旧有的加密技术正在逐渐失去其有效性。因此，企业需要持续关注网络安全领域的新发展，及时更新加密算法和协议，以确保敏感数据的长期安全性。这种动态更新机制能够帮助企业提升对安全威胁的前瞻性防护能力。

4. 建立密钥管理系统

加密密钥的安全性直接影响到数据加密的有效性，如果密钥泄露，所有加密措施将形同虚设。因此，企业需要建立完善的密钥管理系统，确保密钥的生成、分发、存储和销毁过程都符合安全标准。通过严格的密钥管理，企业可以有效防止因密钥泄露导致的数据安全风险。

5. 使用安全传输协议

安全传输协议通过加密传输通道，防止数据在传输过程中被窃听或篡改。对集团化企业的财务共享服务系统而言，采用安全传输协议不仅保护了敏感数据的安全，还提升了系统的整体安全性和稳定性，确保财务信息的准确性和可靠性。

（三）定期进行数据安全检查与风险评估

1. 建立定期的数据安全检查机制

通过建立定期的数据安全检查机制，企业可以确保系统中的敏感数据和财务信息得到及时监控与保护。此举不仅有助于防止数据泄露，还能提高企业对潜在风险的应对能力，确保财务共享服务的稳定运行。

2. 实施全面的风险评估流程

通过安全风险评估流程，企业可以识别系统中可能存在的风险点，并制定相应的防范措施。这种主动识别和管理风险的策略，能够帮助企业在面对不断变化的网络威胁时，保持较高的安全性。同时，风险评估流程的有效实施，也为企业财务信息系统的安全管理提供了科学依据和决策支持。

3．定期更新和测试数据安全策略

通过定期更新和测试数据安全策略，企业能够确保其安全策略始终适应当前的技术发展趋势和安全需求。定期的策略更新和测试，不仅可以提高系统的安全性，还能够提高企业在面对新型安全威胁时的应变能力。此外，这一过程也为企业提供了一个评估现有安全措施有效性的重要机会。

三、系统优化与性能提升

（一）分析系统瓶颈与性能瓶颈原因并制定优化方案

1．识别系统性能瓶颈的关键指标

识别系统性能瓶颈的关键指标可以帮助企业进行针对性分析和优化，确保系统在高负载情况下仍能稳定运行。这一过程需要深入分析系统架构，评估各模块间的数据流动与处理效率，识别可能影响整体性能的设计缺陷或不合理之处。通过这种方式，企业可以全面了解系统当前的运行状况，并为后续的优化工作奠定基础。

2．收集用户反馈

用户在实际使用中遇到的性能问题往往能够揭示系统的潜在瓶颈。以用户体验为导向，可以制定相应的优化措施，确保系统不仅在技术指标上表现优异，同时也能满足用户的实际需求。此外，定期进行系统负载测试，通过模拟高并发场景，可以识别系统在压力下的性能瓶颈。通过这些测试，企业能够提前发现并解决潜在问题，避免在实际使用中出现性能问题。

3．引入先进的技术手段

引入先进的技术手段是提升系统处理能力的有效途径。例如，采用缓存机制可以显著提高数据访问效率，而负载均衡则能够更好地分配系统资源，避免单点过载的问题。这些技术的应用不仅能够提升系统的整体性能，还能为未来的系统功能扩展提供良好的基础。通过优化数据存储与提高访问效率，企业可以在不增加硬件投入的情况下，实现系统性能的显著提升。这对财务共享服务的信息系统而言，既是技术挑战，也是提升企业竞争力的重要手段。

（二）对数据库进行调优以提高查询速度与响应时间

1. 优化数据库索引策略

通过创建合适的索引，用户能够有效加速常用查询的执行，从而提高数据检索效率。索引的设计不仅要考虑查询的频率和复杂度，还需要结合数据表的结构和规模，确保在不增加过多存储成本的情况下，最大化地提升查询性能。合理的索引策略能显著缩短查询的响应时间，为财务数据的实时分析和决策提供有力支持。

2. 定期进行数据库清理

随着时间的推移，数据库中可能会积累大量不必要的数据和冗余记录，这不仅占用存储空间，还会对查询性能产生负面影响。通过定期清理，删除无用数据，不仅可以减小数据库体积，还能提升系统的整体性能。尤其是在财务共享服务中，数据输出的及时性和准确性至关重要，定期清理能够确保数据库的高效运转，高效支持企业的财务管理活动。

3. 实施数据库分区技术

对于包含众多数据的大表，通过分区将其拆分为多个小表，可以显著缩短系统的响应时间。分区技术能够根据数据的特性和访问模式进行灵活配置，使得数据库在高并发访问情况下仍能保持良好的性能。这种方法特别适用于财务共享服务中涉及大量交易数据的场景，能够提高系统的可扩展性和稳定性。

4. 调整数据库的配置参数

内存分配和缓存设置对数据库的运行效率有直接影响。在高负载情况下，合理的内存分配可以确保数据库处理能力的最大化，而缓存设置的优化则能减少磁盘 I/O 操作，提升查询速度。通过对这些参数的科学调整，可以在不增加硬件成本的情况下，显著提升数据库的响应能力，为企业财务共享服务的顺利运行保驾护航。

5. 实施数据库查询优化技术

数据库查询优化技术是通过分析查询语句的执行计划，来重构复杂查询以减少资源消耗和响应时间。复杂的查询语句往往是系统性能瓶颈的来源之一，通过优化，可以简化查询逻辑，减少不必要的计算步骤。这一过程需要深入理解数据库引擎的执行机制，并结合实际业务需求进行针对性优化。对财务共享服务系统而言，查询优化技术不仅能提升性能，还能提高业务处理的准确性和效率。

（三）升级硬件设备或调整网络架构以提升整体性能

1. 评估现有硬件设备的性能

通过识别需要升级的组件，如服务器和存储设备，可以有效地提高系统的整体处理能力。这种评估不仅需要考虑当前硬件设备的性能瓶颈，还应预测用户未来的需求，确保系统能够较好地应对不断增长的业务量。

2. 引入高性能的网络设备

现代企业对数据传输速度和系统响应能力有着极高的要求，因此，选择高性能的交换机和路由器尤为重要。这些设备能够有效减少数据传输过程中的延迟，确保信息系统快速响应用户请求。同时，优化网络设备的配置也能提升整体系统的稳定性和可靠性，为企业的财务共享服务提供强有力的支持。

3. 实施网络架构优化，采用分布式架构设计

分布式架构能够有效分散系统的负载，避免单点故障的问题，进而提高系统的可靠性和可用性。通过合理的架构设计，系统不仅能够适应当前的用户需求，还能够灵活扩展以应对未来需求的增长。这种设计思想在智能时代显得尤为重要，因为企业信息系统需要具备快速响应市场变化的能力。

4. 定期进行硬件性能评估与网络监测

通过定期评估和监测，企业能够及时发现和解决潜在的问题，避免因设备老化或配置不当导致的系统性能下降。持续的监测和优化不仅能够延长硬件设备的使用寿命，还能确保信息系统的高效运行，为企业的财务共享服务提供持

续的支持和保障。

四、版本更新与升级管理

（一）关注供应商发布的最新版本信息并进行评估测试

供应商发布的最新版本信息是企业信息系统更新的依据。企业应密切关注这些信息，并进行详细的评估测试，以确保新版本的功能更新符合企业财务管理的实际需求与发展方向。这不仅涉及对新功能的理解与应用，还需要考虑其对现有业务流程的影响。通过评估测试，企业可以提前识别潜在的兼容性问题，确保系统在更新后能够顺利运行。

企业需要测试系统在高负载情况下的响应速度与稳定性，以确保其能够满足企业运营的需求。这种测试通常包括模拟企业日常运营中的高峰负载情景，以评估系统的处理能力和稳定性。通过这些测试，企业可以快速识别性能瓶颈并进行优化，以确保系统在实际运营中能够高效运行。此外，性能测试的结果还可以为系统功能的未来扩展提供重要的参考依据。

新版本通常会包含安全性增强措施，企业需要对此进行深入分析，以确保其能够有效防范潜在的网络攻击与数据泄露风险。安全性测试应包括对新版本中引入的加密技术、访问控制机制和漏洞修复的评估。通过这些测试，企业可以验证新版本的安全性改进是否符合预期，并在必要时采取进一步的安全措施，以保护企业的财务数据和信息资产。

企业应进行新版本的用户体验测试，收集用户反馈以评估界面友好性和操作便捷性。用户体验的改善不仅可以提高员工的工作效率，还可以减少因系统操作复杂而导致的错误。通过用户反馈，企业可以识别用户在使用系统过程中遇到的问题，并进行针对性的改进，以确保系统易于使用，能够有效满足用户的实际需求。这一过程有助于提升员工满意度和系统的整体使用效果。

（二）制订版本更新与升级计划并执行操作

1．制订一个详细的版本更新计划

这个计划必须包括明确的时间节点、责任人和具体的更新内容，以确保更新过程的有序进行。通过这样的计划，企业能够在系统更新过程中保持高效的协作，避免因职责不清或时间安排不当而导致的工作延误或混乱。

2. 建立版本更新的测试环境

测试环境的建立允许进行全面的功能和性能测试，确保新版本的稳定性和兼容性。这一过程不仅能发现潜在的问题，还能验证新功能的有效性和适用性，确保系统在真实环境中运行时不会出现重大故障。通过这种预先测试，企业能够在新版本上线前解决可能出现的技术问题，从而减少其上线后的风险。

3. 设定版本更新后的反馈机制

通过收集用户对新版本的使用体验和问题反馈，企业可以识别系统中存在的不足之处以及用户的实际需求。这些反馈为后续的系统优化和调整提供了宝贵的参考，使得系统能够不断更新以适应企业的发展变化。通过这种持续的改进，企业不仅能保持系统的高效运转，还能在激烈的市场竞争中保持技术领先。

（三）确保新旧版本之间的数据兼容性与平滑过渡

1. 建立一套有效的数据映射机制

数据映射机制的核心在于确保新旧系统之间的数据格式和结构能够实现无缝转换，避免在转换过程中出现数据丢失或错误的情况。通过精心设计的数据映射规则，可以有效地将旧版本的数据结构转换为新版本所需要的格式，从而保证系统升级后的数据兼容性。

2. 实施数据验证流程

数据验证流程的目的是在版本切换过程中，确保所有迁移的数据均符合预设的业务规则。通过对迁移数据的全面验证，可以确保数据的完整性与准确性，避免因数据错误而影响企业的财务决策。数据验证流程应包括自动化验证和人工审核两个环节，以确保在不同层面对数据进行全面检查。自动化验证能够快速识别数据中的明显错误，而人工审核则可以对复杂的数据关系进行深入分析，从而确保数据的高质量。

3. 制订详细的数据迁移计划

数据迁移计划不仅要明确迁移的具体步骤，还需要指定每个步骤的责任人，以便在切换过程中能够快速响应潜在问题。详细的计划能够帮助团队在遇到问题时迅速找到解决方案，确保整个迁移过程的平滑过渡。此外，计划中还应包含风险评估和应急方案，以便在出现意外情况时能够及时采取措施，减少对业务的影响。

4. 提供用户培训和操作指导

用户培训的目标在于帮助用户理解新版本的数据处理方式，从而在操作中避免因不熟悉新系统而导致的错误。通过系统化的培训和详细的操作指导，用户能够更快地适应新版本的变化，从而提高工作效率。同时，培训还应包括对系统新功能的介绍和使用技巧的分享，以便用户能够充分利用新系统带来的改进和优势。

（四）与业务需求的同步更新

财务共享服务系统必须能够灵活适应业务流程的变化。随着市场环境的动态变化和企业战略的调整，业务流程常常需要进行相应的变更。因此，信息系统的更新必须及时，以便支持新兴业务的需求。通过灵活的系统功能调整，企业可以确保其财务共享服务系统始终处于最佳状态，从而为企业提供高效、准确的财务支持。

为了实现与业务需求的同步更新，需要建立跨部门协作机制。财务部门与业务部门之间的信息共享与沟通是系统功能同步更新的基础。通过这种协作机制，财务部门可以及时了解业务部门的需求变化，并将其转化为信息系统的功能需求。这不仅提高了系统更新的效率，也提高了各部门之间的协同工作能力，促进了企业整体运营效率的提高。跨部门协作机制的有效运行，能够确保信息系统与企业业务需求的无缝衔接。

通过调研，企业可以收集到各业务部门对财务系统功能的反馈。这些反馈为信息系统的功能优化和调整提供了重要依据。调研过程中，不仅要关注系统现有功能的使用情况，还需要了解各部门对系统未来功能的期望和建议。通过系统性地分析这些反馈，企业可以更准确地把握业务需求变化的趋势，从而在信息系统更新中更有针对性地进行功能改进。

通过智能化工具分析企业的业务数据，可以识别潜在的业务需求变化。这种分析不仅限于对现有数据的处理，还涉及对未来趋势的预测。通过对业务数据的深入分析，企业可以主动更新财务共享服务系统，以支持业务目标的实现。这种前瞻性的更新策略，不仅能够提高系统的适应性和灵活性，还能为企业在激烈的市场竞争中提供战略支持，使其在应对变化时更加从容。智能化工具的应用，标志着信息系统更新管理进入了一个新的阶段。

五、应急响应与故障恢复

(一) 建立应急响应机制以快速处理突发故障事件

1. 组建专门的应急响应团队

应急响应团队的核心职责包括监控系统运行状态，快速识别并响应突发故障。这一过程需要团队成员具备敏锐的判断力和丰富的技术经验，以确保在最短时间内作出正确的决策。此外，团队的组成应涵盖不同技术领域的专家，以便在各种突发情况下提供专业的支持和解决方案。

2. 制定详细的应急响应流程

详细的应急响应流程应包括故障报告、评估、处理和恢复等步骤。故障报告阶段需要明确问题的描述和影响范围，评估阶段则应迅速判断故障的严重程度和可能的影响。处理阶段是整个流程的核心，要求团队根据既定方案快速采取行动，恢复阶段则需要确保系统恢复至正常状态，并进行必要的后续检查和优化。这样的流程设计，可以在故障发生时提供清晰的操作指引，减少因混乱而导致的时间浪费。

3. 实时监控工具的实施

通过自动检测系统异常并触发预警机制，企业可以在问题初露端倪时就采取措施，避免小问题演变成大故障。这些工具通常基于先进的数据分析和机器学习技术，能够在海量数据中识别出异常模式，并在第一时间通知应急响应团队。这样的技术手段不仅提高了发现故障的速度，也增强了企业对系统运行状态的全面掌控能力。

（二）定期组织模拟演练以提高应急处理能力

1．制订详细的演练计划

通过制订详细的演练计划，明确演练的目标、内容和参与人员，可以确保演练的有效性和针对性。演练计划应当详细列出每个环节的具体操作步骤和预期结果，以便参与人员能够清晰理解其角色和职责。在计划制订过程中，需要考虑企业的实际情况和潜在风险，确保演练内容与实际需求相符。通过这样的准备工作，企业能够在演练中发现潜在问题并进行针对性改进，避免在出现真实故障时措手不及。

2．模拟不同类型的故障场景

通过模拟常见的系统故障、网络中断或数据丢失等场景，团队成员可以在压力测试中锻炼快速反应和问题解决能力。这种实战演练有助于团队在真实情况下保持冷静，迅速定位问题并采取有效措施进行恢复。模拟演练不仅是对技术能力的考验，也有助于培养团队的沟通协作能力，确保每个成员在突发事件中都能发挥出最大作用。

3．建立演练后的评估机制

通过收集参与人员的反馈和建议，可以识别演练中的不足之处，并进行改进。评估机制应当包括定量和定性的评价指标，以全面衡量演练的效果。参与人员的反馈能够提供第一手的实践经验，帮助企业不断完善应急响应策略和流程。通过这种持续改进的方式，企业可以逐步建立一套高效、可靠的应急响应体系。

4．定期更新演练内容

随着技术的进步和业务需求的变化，企业的信息系统面临的风险也在不断演变。因此，演练内容需要结合最新的技术发展和业务流程进行调整，以保持其现实相关性。通过定期更新，企业可以确保团队在应对系统出现新型故障时具备足够的知识和技能，从而提升整体应变能力。

（三）对故障进行根因分析并采取预防措施避免再次发生

在进行故障根因分析时，需要收集和整理相关故障数据。这包括故障发生的时间、环境、系统状态及用户操作记录。这些信息有助于全面理解故障的背景，为后续的分析提供基础。通过全面的数据收集，企业可以更准确地识别故障发生的真正原因，从而为制定有效的预防措施奠定基础。

在故障分析过程中，采用故障树分析法或鱼骨图等工具，可以系统性地识别故障发生的潜在原因。这些工具能够帮助分析人员确保所有可能的因素都被考虑在内，避免遗漏关键因素。通过这些分析工具，工作人员可以有效地梳理出故障的因果关系，找出问题的根源所在。这种系统性的方法不仅提高了分析的准确性，还为后续的改进措施提供了科学依据。通过这种方式，企业能够更好地理解故障的复杂性，并针对性地进行改进。

在分析过程中，重点关注系统的设计缺陷、操作流程中的漏洞及人员操作失误等方面，是找出故障关键环节的有效策略。系统设计中的缺陷可能导致系统在特定条件下无法正常运行，而操作流程中的漏洞则可能引发一系列连锁反应，导致系统崩溃。此外，人员操作失误往往是故障发生的直接原因之一。因此，准确找出这些关键环节，有助于企业在后续改进中有针对性地对系统进行优化，从而提升其的稳定性和可靠性。

针对识别出的根本原因，企业应制定详细的改进措施。这些措施包括优化系统设计、完善操作流程、加强人员培训等。优化系统设计可以从根本上消除设计缺陷；完善操作流程则可以提高系统的运行效率，减少人为错误的发生机会；加强人员培训则可以提高员工的操作技能和故障处理能力，从而有效降低未来故障的发生概率。这些改进措施的实施，不仅有助于提升系统的稳定性，还能增强企业在应对突发故障时的反应能力。

通过定期总结故障处理和根因分析的过程，企业可以持续提升系统的可靠性和稳定性。定期回顾机制不仅有助于巩固过去的经验，还可以为未来的系统优化提供参考。这种持续改进的机制，能够帮助企业在不断变化的环境中保持竞争力，并为未来的发展奠定坚实的基础。

参考文献

［1］谭庆．财务共享服务中心建设及其管理研究［M］．延吉：延边大学出版社，2024.

［2］辛侯蓉．大数据驱动下会计信息挖掘与处理研究［M］．哈尔滨：东北林业大学出版社，2024.

［3］呼延蓉，高艳，高彦敏．食品检验检测技术与质量安全管理［M］．北京：经济日报出版社，2024.

［4］王忠孝．财务共享服务实务［M］．上海：立信会计出版社，2024.

［5］游静．财务实训教程：智能财务共享［M］．重庆：重庆大学出版社，2024.

［6］尹万军．企业财务管理数字化转型研究［M］．北京：中国商业出版社，2023.

［7］唐璇子，王海芳，张璞．财务共享理论与实践探析［M］．北京：现代出版社，2023.

［8］杨安．财务共享模式下企业财务转型研究［M］．北京：中国纺织出版社，2023.

［9］孙美娇，潘成．财务共享平台模式建设与管理研究［M］．哈尔滨：哈尔滨工程大学出版社，2023.

［10］张荣静，卫强．智能化时代下的智能财务建设研究［M］．延吉：延边大学出版社，2023.

［11］杨超．信息化背景下企业财务管理与财务共享服务研究［M］．哈尔滨：哈尔滨出版社，2023.

［12］高越月，董香兰．基于财务共享模式的风险防控研究［M］．北京：经济日报出版社，2022.

［13］郭晓梅．智能技术驱动下的财务共享模式创新与应用实践研究［M］．沈阳：东北财经大学出版社，2022.

［14］刘乃芬．智慧财务共享未来：智能技术驱动下企业财务共享体系建设与应用研究［M］．长春：吉林人民出版社，2022.